万有文化

岂止千书

多赚一倍 III

实体店这样做就能火

李　鲆　宋书三　施有朋◎著

金城出版社
GOLD WALL PRESS
中国·北京

图书在版编目（CIP）数据

多赚一倍Ⅲ：实体店这样做就能火 / 李鲆，宋书三，施有朋著. — 北京：金城出版社有限公司,2020.11
ISBN 978-7-5155-2064-3

Ⅰ. ①多… Ⅱ. ①李… ②宋… ③施… Ⅲ. ①商业经营－通俗读物 Ⅳ. ①F715-49

中国版本图书馆CIP数据核字(2020)第188797号

多赚一倍Ⅲ：实体店这样做就能火

作　　者　李　鲆　宋书三　施有朋
责任编辑　王寅生
责任校对　岳　伟
开　　本　880毫米×1230毫米　1/32
印　　张　7.5
字　　数　104千字
版　　次　2020年11月第1版
印　　次　2020年11月第1次印刷
印　　刷　天津盛辉印刷有限公司
书　　号　ISBN 978-7-5155-2064-3
定　　价　59.00 元

出版发行　金城出版社有限公司　北京市朝阳区利泽东二路3号　邮编：100102
发 行 部　（010）84254364
编 辑 部　（010）64391966
总 编 室　（010）64228516
网　　址　http://www.jccb.com.cn
电子邮箱　jinchengchuban@163.com
法律顾问　北京市安理律师事务所 18911105819

作者简介

李鲆（276527980）

跨界创业社群“创读会”创办人。先后为数百家企事业单位和上万名个体创业者提供培训、咨询和策划服务。秉承“策划即优化”原则，帮助多家企业实现多赚一倍目标。

出版20多本图书，累计销量百万册。主要著作有“多赚一倍”系列、“畅销书浅规则”系列、“微信营销108招”系列等。

宋书三

懂商业的读书人，从事商业研究、操盘和咨询工作。

实体店运营经验丰富，曾担任过实体连锁品牌的营销总监，服务过多家世界五百强企业。

施有朋

带着 3 万元开始轻创业，3 年时间将一个细分领域做到优秀，并且将其方法论提炼出来，集结成书出版，《轻创业：低成本打造小而美公司》。

目前经营一家在线教育公司，并且投资了一家跨境医疗健康公司，同时开有一家中医会所店。

序一

实体店到了最危险的时候，但仍有无限可能

从前有一句话叫作“一铺富三代”，但现在许多实体店的生意并不好做，有些甚至可以说是非常惨淡，简直就是在生死线上挣扎。

过去三十年，实体店从来没有这样危险过

最近这些年，几乎大多数实体店，面临两个严峻的问题：

第一，成本不断增加。

房租上涨，用工成本上涨……吃掉了很多利润。

第二，客流量持续减少。

大家已经越来越习惯网上购物。电商、微商、社群团购和直播带货……分走了许多流量，进实体店消费的人就越来越少。

特别是2020年，受疫情影响，很多人尽量不出门，几乎不进店消费。这简直是雪上加霜。很多实体店，甚至是之前做得还不错的实体店，直接就关张大吉了。

可以这样说，实体店已经到了最危险的时候。

过去三十年，都没有这样危险过。

那么，实体店是不是已经没有未来了？

倒也不是。

只要简单的细节优化，实体店就可以恢复生机

我之前给一些实体店做过咨询辅导，有些实体店在短短几个月时间甚至一两周内，收入增加50%甚至增加200%，而且，几乎没有增加成本。

在疫情期间，经我指导的一家饭店，在同行纷纷倒闭的情况下，依然成功实现自救和逆袭，比没有疫情时生意更好，收入更高。

我并没有对这些实体店的运营做大的改造，多数只是简单地优化了一两个马上可以上手的细节。

为什么可以做到呢?

其实很简单，我发现了一个可以说是公开的秘密：

大多数实体店，一直是在粗放经营，一直是落后于时代的。

电商、微商、社群团购和直播带货等商业模式，与实体店相比，它们在吸引客流、促进成交、客户维护以及客户裂变等层面，都领先太多。

只要用互联网领域的逻辑和经验，对实体店运营进行一些简单的改进，就可以让实体店恢复生机和活力。

实体店要想恢复生机，就应该张开双臂拥抱互联网。

向电商学习，向微商学习，向社群团购学习，向直播带货学习，向知识付费领域学习，向一切先进的商业形式学习。

只要是有用的，就拿过来，为我所用。

产品过剩时代，客户才是成败关键

互联网商业逻辑，与传统实体店运营逻辑相比，有哪些根本性的不同呢?

前者更多地关注流量，也就是人。怎样低成本获取更多的流量，是互联网创业者永远在思考的问题。

在产品过剩、流量稀缺的年代，一家企业成功的关键，就是怎样以最低成本获得源源不断的流量，就是怎样拥有不断复购的老客户。

也就是说，你需要更多地去研究客户，研究怎样更多、更精准地抵达客户，研究怎样满足他们的需求；而不是租个门店，做好装修，摆上产品，开始卖货。

生意越做越好的关键是什么？

不就是客户越来越多，成交率越来越高，并且可以不断复购、消费吗？

长期以来，实体店主要靠地理位置带来自然流量（客户）；不像电商和微商，需要花钱、花时间去研究怎样获取流量，怎样把流量的价值用到最大。

实体店也因此，几乎没有流量运营的概念，没有把客户掌控在自己手里，更没有精耕细作，挖掘客户的最大价值。

这是传统实体店的短板，恰恰也是实体店可以迅速逆袭，焕发生机的关键。

做到“以人为本”，实现“四个转变”

让我们记住至关重要的两句话：

谁能低成本解决流量问题，谁就可以做好任何生意。

一个企业的真正价值，在于拥有多少可以不断复购的老客户。

传统实体店的转型升级，要真正“以人为本”，实现“四个转变”：

（1）从单纯线下向双线融合转变；

（2）从公域流量向私域流量转变；

（3）从经营店铺向运营客户转变；

（4）从单纯卖货向多层后端转变。

这“四个转变”听上去很高大上，实际操作起来可能很简单。

甚至可能都不需要增加什么成本，只需要优化一两个细节就可以了。

思维方式对了，做事就很容易。

我在本书的“思维篇”里详细解析了“四个转变”的方法，在“实操篇”则提供了大量案例供大家对标学习。

序二

认识李鲆老师，让你多赚一倍

我是如何认识李鲆老师的

2016 年夏天，我刚大学毕业参加工作，偶尔看到李鲆的一条微博：定个能实现的小目标，比如一年多赚三到五倍……

当时，我心想：这人是谁呀，为何如此狂妄？

于是就百度了一下“李鲆”，才对李鲆有了了解，读了他的部分作品后，我开始在心里称呼他为“李鲆老师”，持续关注他的微博，按照他写的方法努力听话照做。

2020 年年初，李鲆老师建立了一个跨界创业社群“创读会”，我成为他的第一名弟子，并且和他有了更深的交流。

不断地跟李鲆老师汇报自己这四年的经历和成绩，他给我的事业发展做了优化，让我更有信心能多赚一倍。

李鲆老师决定出版《多赚一倍 III：实体店这样做就

能火》这本书，我主动联系他，说自己可以提供一系列的实操案例。于是，这本书就这样完成了，他构建框架和理论体系，我提供了部分实操案例内容。

四年一瞬间，从李鲆老师的读者成长为签约作者，我没辜负自己。

我在实体店踩的坑和成绩

自毕业至今，我一直深耕实体 / 传统企业，在实体店真金白银投过钱，且有较为理想的收益率；在清晨六点的早高峰带领团队地推发过宣传单页；深入研究并实践过微信引流的十几种方法……

一句话，我踩过了不少坑，也做出了一些成绩。

1. 服务过各种体量的实体项目。

从不到 10 万元就能开起来的社区小店，到总投资额近百亿元的健康小镇项目。

2. 服务过处于不同发展阶段的实体店品牌。

我曾经作为咨询师在实体店一线深入调研一年多时间，也曾作为公司高管和核心团队操盘过连锁品牌项目。

3. 参与过实体店经营的不同业务环节。

我的主业是营销运营，但在创业公司发展初期，经常一个人顶一个团队，自己负责对接实体店装修、招聘和培训等。自己当店长，还协助总部的文案、招商等工作。

4. 擅长从不同商业维度看实体店发展。

我曾经作为文案策划负责过大型高端红木实体店的公众号，也作为产业咨询师研究过医康养实体的发展历程、当下商业模式与未来趋势。

实体店转型的新思维模式

结合李鲆老师“多赚一倍”的商业思想和我在实体/传统企业超过10000小时的实践，我清楚地知道如何帮助正常运营的实体店多赚一倍甚至多倍，秘诀就是李鲆老师在本书中反复提到的“做到以人为本”“实现四个转变”。

当然，我也可以结合自己踩过的坑，引导实体店老板/店长不要好心做坏事——不要因为自己思维的固化和落后，越努力，越把自己的店搞砸。

作为旁观者，我可以以商业模式优化内行者的视角，规劝岌岌可危的实体店老板，需要马上做出哪些改变，才能让自己的店起死回生。

实业强国，实干兴邦。

实体店老板的痛，我很懂。

实体店该踩的坑，我也都交了学费。

我的使命和我的思维成长

我参与这本书撰写的初心，是想给闯荡社会四年的自己做一个总结，给自己一份毕业证，也想让更多人少踩自己走过的坑。

回到标题中说到的“多赚一倍”，是由于我早早地刷到了李鲆老师的那条微博，第一时间读到了他的书，现在又每天在创读会社群耳濡目染，所以，我少走了很多冤枉路，也从四年前刚毕业 1 个月 3000 元的工资，成长为现在 1 小时咨询费都不止 3000 元的商业咨询师，年度全案服务费更是 7 位数起。

每每提起这本书，我总是使命感满满。能参与这本书的撰写，是我的荣幸，更是我的一份使命。

深深受益于老师思维模式的我，也十分希望更多人能学习到书中深邃、极简却极其有效的商业思想。

最后，真诚希望通过本书，将李鲆老师的商业思想和我的咨询经验分享给更多做实体的朋友，我们抱团取暖，熬过这个难关，迎来转型升级的新商业时代。

宋书三

序三

实体店的轻创业之路

你的实体店生意，还好吗？

疫情过后，我的一位学员孙哥给我发信息说：“有朋老师，我把20多家餐厅全部关了，损失太惨重了。每月要交房租，养员工，但是根本就没有什么生意，我熬不住了。”

目前的形势下，我们可能每天都会听到身边做实体店的朋友关门歇业的故事。但我还听到另外一个关了门生意却越做越大的故事。

我有个朋友，她在自己的社区门口开了一家水果店。每当有客户来购买水果的时候，她都会多送一个苹果，然后和客户说：“我们加个微信吧，下次你没时间来买水果，你只要微信告诉我一声，我给你送到家里去。”

同时，她还主动和物业搞好关系，经常给物业送新鲜水果，物业也把她拉进了社区的微信群里。

疫情来临的时候，她也非常焦虑。大街上一个人都没有，生意一落千丈，但每个月的房租却省不了。

危机背后，往往是机会!

因为之前几乎将小区的业主都加在私人微信上了，开始陆续地有人在微信上找她下单订购水果。

就这样，一开始还是被动的配送订单，到后面她开始主动做一些水果团购活动，生意逐渐恢复到了疫情前的状态。

她尝到了甜头，将生意全部转到微信上，开始组建自己的水果社群,并且想办法加入周边几个社区的微信群。

疫情期间，她不仅没有受到影响，生意还翻了好几倍。

现在，她退掉了租金比较高的门店，在每个小区租特别便宜的房子用来做库房。

同样是开实体店，同样面临着疫情，为什么有截然不同的结局呢?

一切的原因，都在于人流量发生了变化。

我们一起来思考一个问题：开实体店，在选址过程中，你考虑最多的因素是什么?

不管选址有多复杂，但总有一个因素是逃不开的：人流量!

开实体店时，只是被动地等人流量上门，现在她把潜在客户都加在了微信上，照样把生意做得风生水起。

任何实体店生意，都逃离不了一个公式：销售额＝人流量 × 到店率 × 成交率 × 客单价。

用通俗的话解释，就是这里的人流量相当于每天店门口经过的人流量。

怎么理解呢？

举个例子，你在一家中等繁华的写字楼下面开了一家水果店，每天的人流量是 2 万人次。你在装修和拉客上做得不错，会有 1%的人到店，大概就有 200 人进店。

这 200 人中，有一部分就是进来看一眼，有一部分人会购买。我们假设成交率是 60%，也就是有 120 人会购买。每个人消费 80 元，那今天的销售额就是 9600 元。

但是疫情来了之后，人流量一下子变为 0 了，所以销售额就没有了。

我们是否可以这样理解：交给房东的房租，实际上是用租金购买了这个地段的流量，这就是你的流量成本！

大部分实体店创业者，可能都是被动地等待着人流量上门，却从来没有主动做一些工作，让那些曾经购买过的客户，那些潜在的客户进入自己的私域流量池中。

反过来思考：如果我们在经营的过程中构建了自己

的流量池，那还需要花高房租购买地段吗？

我也看到很多实体店开始做这样的转变，主动出击，将客户加到私人微信上。

我接触过一个非常成功的案例：新疆一家开了13家连锁门店的水饺店，他们用了短短两个月时间，就加了10万的客户。因为这些用户都是到店吃过水饺的，对他们的信任度非常高。现在，他们在微信上又做起了另外一个生意——粮油大米五谷杂粮的社区团购，销售额竟然超过了十几家店的营业额。

利润倍增了不止一倍！

我们经常抱怨："房租年年在涨，辛辛苦苦做一年都是给房东在打工。"

何不转变一个思路：主动出击，把每一个到店的客户都加到自己的私人微信上，打造好自己的朋友圈。再也不用被动地等待人流量上门。如果你能加满一个微信号，就等于拥有了自己的私域流量池。

当房东要给你涨房租的时候，你就可以从容不迫地告诉他："我不租了。"因为，你自己已经拥有了人流量！

经营好这些用户，就能够真正地实现实体店的利润倍增！

施有朋

楔子一

关于本书的阅读建议

本书是“多赚一倍”系列图书的第三本，讲述实体店转型的思维模型和实操案例，目的是让实体店老板转变商业思维模式，通过一两个细节的优化，就可以改变困境，让实体店重现生机。

本书主要分两部分：思维篇和实操篇。

思维篇提纲挈领地介绍了实体店转型升级的核心思维，也就是“以人为本、四个转变”。

实操篇则提供了大量案例，共同特点是简洁明了，容易操作。

读者最好按先后顺序，从思维篇开始阅读，然后再读实操篇。

思维篇让你先对实体店转型升级有个基础的理论框

架，实操篇的多个案例则不断地解释和印证理论，帮你加深理解，更好实践。

当然，如果你实在读不下去理论部分，也可以直接从实操篇开始阅读。毕竟讲实操案例的部分，可读性会更强一些。

你可以利用零碎时间，三五分钟，读一个案例，然后思考一下，这个方法自己是不是可以对标学习，然后参考使用。

本书提供的案例，主要有四个来源：

（1）做收费咨询的案例；

（2）付费社群“创读会”会员的实操案例；

（3）亲自实践过的案例；

（4）对一些真实案例的收集整理、观察分析。

一些案例，我在我的“创读会”社群晨课里分享过，有些会员直接抄作业，或者略加改造操作，就在短时间里实现了多赚一倍，甚至几倍。

楔子二

关于本书的理论基础

本书的理论基础是“多赚一倍”，即：

通过优化一两个细节，在几乎不增加成本的前提下，在6个月甚至更短时间内，实现多赚一倍的目标。

我在《多赚一倍》这本书里写过，多赚一倍的四个关键点是：

（1）确保现金流；

（2）增加收入；

（3）缩减开支；

（4）更优选择。

在《多赚一倍》里，我提到了收入公式：

客户基数 × 转化率 × 单客价值 = 收入

客户基数、转化率和单客价值，如果这3个环节都增加 30%，就已经可以实现收入倍增了。

而每个环节增加 30%，并不算困难，只需要认真点、努力点，技术上做一点优化就可以了。

增加客户基数的方法是客户管理：

发展新客户，留住老客户，让客户裂变客户。

提高转化率的关键是模拟成交：

绕过成交环节，直接在客户大脑里呈现已经成交的场景。

我在《多赚一倍Ⅱ：模拟成交》一书里对模拟成交有详细论述。

提高单客价值的关键是设置多层后端：

90% 的利润在后端。

针对一个客户，设置多层次后端利润开发，让他成为你的终身客户，并帮你裂变客户，带来资源，甚至进一步跟你合作，创造更多价值。

我的"多赚一倍"理论，适用于大多数行业，特别是中小企业和个体创业者，当然也适用于实体店。

"多赚一倍"系列已经出版了两本书，《多赚一倍》和《多赠一倍Ⅱ：模拟成交》，3 本书参照阅读，会更有收获。

目 录

上篇 思维篇

下篇 实操篇

上篇　思维篇

做到“以人为本”，实现“四个转变”

实体店转型升级的目标

确保现金流和利润。

在讨论实体店如何转型升级之前，我们首先必须明确一个问题：实体店转型升级的目标是什么？

是为了做大做强，最后融资上市吗？

是为了打造品牌，做百年老店吗？

是为了追求理想，实现情怀吗？

这些目标不能说错，但是，对大多数实体店来说，很难实现。

我在《多赚一倍》这本书里，提到过“创业的优先度”：

第一优先度：现金流

现金流利润才是真利润，而且是最重要的利润。

没有利润的现金流，往往会优于没有现金流的账面利润。

必要时，可以牺牲账面利润，来获得现金流。

第二优先度：利润

把追求利润最大化，作为企业运营的核心。

企业的资源配置，老板的时间、精力和思维，都应该专注于利润。

第三优先度：规模

规模与利润并不成正比，很多时候还可能成反比。

所有企业会惯性做大，然后变得臃肿而低效，导致被吃掉很多利润。

不断压缩规模，控制成本，才能提高利润。

第四优先度：远景

要着眼未来，但不能只看未来。

只盯着远景、未来的公司，只有小概率会成为一个成功的公司，大概率是成为炮灰。

着眼当下，踏实赚钱，活下去的概率会更高一些。

未来很重要，但活下来更重要！

第五优先度：品牌

大部分企业都不可能真正创造一个有影响力、有竞争力的品牌。

企业真正应该追求的是利润，而不是品牌。

多赚一倍，比打造品牌容易得多。

第六优先度：情怀

商业的逻辑，是发现某个特定人群的需求，制造出产品或服务，满足他们。

这也应该成为创业的逻辑。

大部分创业者是基于自己的特长、兴趣、喜好或者情怀去创业，这种创业逻辑不符合商业逻辑，很容易死掉。

先赚点钱，再讲情怀。

所以实体店转型升级的目标就很明确：

不追求规模、品牌、远景和情怀，而是要追求现金流和利润。

简单地说，就是踏踏实实多赚点钱。

赚到钱，才能活下去，才有未来。

实体店转型升级的核心思维

做到“以人为本”，实现“四个转变”。

我在《多赚一倍》一书里提过，策划就是优化。

伤筋动骨甚至重绘蓝图起高楼式的做法，通常是很难操作的，不适合大多数从业者。

实体店转型升级，同样适用于这个逻辑。

我们要真正改变的是思维模式。

在实际操作中，要特别谨慎，切忌大刀阔斧。尽量只在一两个细节上做优化，而不是做全面的整改。

经验告诉我们，很多实体店只要做好一两个细节的优化，就可以在很大程度上改变或改善现状，大幅度提高收入，实现多赚一倍甚至多赚几倍的目标。

当然，执行力强的实体店主，可以先后甚至同时优化多个细节。

首先要有一套正确的思维模型。

实体店转型升级的核心思维，很简单，就是做到“以人为本”，实现“四个转变”：

1. 从单纯线下向双线融合转变

双线融合，即线上线下相结合。

传统实体店的拓客场景、成交场景和消费场景，要尽可能向线上迁移。

只要有一个场景迁移成功，就是打开了一个新世界的大门。

2. 从公域流量向私域流量转变

打造私域流量，又叫自建流量池。

最简单的做法，就是把客户和准客户都添加到自己的私人微信号上，再去做后续的成交、复购和裂变，这是一个长期的锁客过程。

3. 从经营店铺向运营客户转变

要分配更多的时间和精力在客户身上，了解和满足客户的需求，而不是单纯地向他们推销产品。

要做精细化、动态化管理，提高客户信任度和黏着度，从而增加消费频率的客单价。

4. 从单纯卖货向多层后端转变

首先，设置好产品组合，可以有效地促进复购，提高单客价值。

其次，卖产品之外，还可卖服务、卖会员、卖模式和卖流量。

“以人为本，四个转变”，是一个适用于大多数实体店主的思维模型。

我会在随后的章节里，详细讲解这个思维模型，并提供大量实操案例。

什么是“双线融合”？

线上线下相结合，迁移三大场景。

双线融合，即线上线下相结合，实现拓客场景、成交场景和消费场景由线下到线上的迁移。

在传统实体店，无论是拓客、成交还是消费，都是在店面里完成的，也就是单纯地做线下。

如果你可以把这些场景迁移到线上，你的实体店就不再受地理位置、店铺面积等条件的限制和影响，就有无限发展的可能性。

举个简单的例子来说明。

传统餐饮生意，顾客需要进店、点单和堂食。

这三步，分别对应拓客场景、成交场景和消费场景。

这三个场景，都是在线下，也就是在门店里完成的。

但外卖兴起后，顾客根本不用进店，直接在网上就能点单，然后送餐上门，不需要堂食。

这就是拓客、成交和消费三大场景的线上迁移。

这样你的店铺可能就不需要选择很好的位置，不需要太大的面积，也不需要在装修上花费太多。

你可以节约很多成本。

节约的这些成本，就是利润。

我们都知道，省的，就是赚的。

你可以有更大的空间和可能。

哪怕你只有一家很小的门店，甚至没有门面，只有个操作间，但在单纯的外卖领域，你跟大饭店是站在同一起跑线上的。

这就是“双线融合”的重要性之一。

我们已经习惯了网络化生存，大众的消费习惯、消费心理和消费场景，早就发生了深刻的变化。

你设想一下，如果你的手机没有信号，是不是马上觉得焦虑不安?

双线融合，是大势所趋。

现在还没有做双线融合的实体店，已经远远落后于时代。

未来不做双线融合的实体店，很有可能会被淘汰。

当然，拓客、成交和消费这三大场景，未必一定要完全迁移到线上。

对有些行业和有些实体店来说，只要有一两个场景迁移，就可以很好地实现转型升级了。

什么是“私域流量”？

你要从大海里钓鱼，

还是要从自己的鱼塘里捕鱼？

私域流量，指的是在个人拥有完全支配权的账号所沉淀的流量，是可以直接触达、多次利用的。

流量是电商的习惯叫法，微商通常叫粉丝，传统实体店通常叫客流、客户、顾客或者消费者，意思都差不多。

为什么要打造私域流量呢？

我们先来分析一个案例。

假定你在某大型商场开了一家时装店，那么你的客流从哪来？

是商场帮你带来的自然流量，对吧？

客户来逛商场，到了你的时装店门口，可能会进来看一看，问问价，试穿一下，最后可能会买衣服，也可能不买。

没有买的就不用说了。

即使是已经购买了的客户，他们走出你的门店，你还有没有机会联系他们？向他们推销新品？让他们持续复购？让他们帮你介绍客户？

你看，这就是大多数实体店跟客户的关系：

没有长期的、稳定的交情，最多只是一锤子买卖；甚至连一锤子买卖都没有，只是互相看一眼，就擦肩而过。

这是一件多么可惜的事情！

现在流量越来越珍贵，大多数实体店，却一直在浪费流量。

回到上文这个案例，时装店的流量或者说客户，是从哪里来的？

基本上是商场分配的。商场聚集了人气，然后把流量分配给各个门店。

好的地段，分配流量多一些；差的地段，分配流量就少一点。

当然，如果你有好的门面、好的促销手段，也能多吸引一点流量。

也就是说，时装店自己并没有流量，所有的流量是属于外界的，是公域流量。

如果商场流量变少，或者需要分配流量的门店变多，又或者商场改变了流量分配方案，你的时装店分配不到流量，就没办法维持了。

所以做实体门店生意，要充分认识流量的重要性，要想办法打造私域流量。

打造私域流量，又叫自建流量池。

外界的流量就像大海。

你要到大海里去钓鱼，如果钓鱼的人越来越多，鱼越来越少，你就很难再钓到鱼；

但如果你自己建了一个鱼塘，就可以在这个鱼塘里养鱼，然后捕鱼。你自己的鱼塘，别人就很难跟你竞争了。

你可以不断地扩大你的流量池，给自己带来源源不断的成交。

客流量越少，就越珍贵，越需要精耕细作，需要去挖掘他们的最大价值。

所以你需要把流量控制到自己手里，实现由公域流量向私域流量的转变。

可以把打造私域流量理解为初步的、程度较轻的锁客：先添加到私人微信上，方便进一步传递信息、成交、复购和裂变，进一步锁客成功。

打造私域流量，才能减少营销推广成本，提高成交率。

打造私域流量，是微商已经玩得炉火纯青的“套路”，是电商最近几年在努力实践的“套路”，但实体店很少有人有这个意识。

打造私域流量，你就能在商战中立于不败之地。

打造私域流量的关键

把客户添加到个人微信号上。

打造私域流量，最简单的方法，就是把客户添加到个人微信号上，再想方设法锁定客户，做进一步的成交、复购和裂变。

当然你也可以建一个微信群，把客户拉进微信群里。微信群运作好了，也是非常好的一个自建流量池。

只是微信群管理成本比较高，容易惹麻烦，是需要特别注意的。

我一般不太建议用公众号或小程序。它们不能直接抵达客户，还可能被很多规则限制，只能算是半私域流量。

同样，直播和短视频，也只能算是半私域流量。如果你做了直播或短视频，最好还是把客户、起码是优质客户，引流到个人微信号上。

目前看来，私域流量的权重，个人微信最高，微信群次之， 然后才是公众号、小程序、直播和短视频等。

体量大的实体店，可能会喜欢打造公众号和小程序。但我还是建议，尽可能与个人微信号相结合。

可以打造多个个人微信号，形成微信矩阵。

关于如何做好微信营销，我在《微信营销 108 招》一书有详细论述。

在本书实操篇部分，我会给大家一些简单实用的案例和方法。

加微信需要理由吗？不需要吗？

或者优惠，或者方便，或者荣耀。

现在有些实体店店主已经意识到了加粉丝的重要性，会在店里放一张二维码，让大家扫码加自己微信号。但这样做，效果其实相当差。

放二维码没错，但是你要给顾客一个扫码加你微信号的理由。

举个例子：

你到饭店吃饭，桌上有一个二维码，你十有八九不会主动去扫码。

如果你到前台结账时，服务员给你一个二维码，告诉你，扫码关注，本次消费可以打9折。

你是不是就愿意去扫码了？

再举一个例子：

你到服装店买完衣服，店主给你一个二维码，告诉你，加她微信号，以后店里上新款你就可以随时看到。

你是不是就愿意去扫码加她？

再举一个例子：

你到某奢侈品店买个很贵的包，店主说鉴于你已经在本店消费了XX元，免费给你升级为本店VIP客户。所以你可以加店主私人微信号，这个微信号就相当于一个VIP卡，你以后来店消费就可以享受非常优惠的折扣，还可以抢先购买限量版。

你是不是就会愿意扫码？

我们要给客户一个扫码加你微信的理由，这个理由通常有：

（1）优惠，让客户感到有便宜可占；

（2）方便，让客户觉得更省事；

（3）荣耀，让客户觉得自己尊贵，与众不同。

对那些没有购买的准客户，也要想办法让他加你的微信。通常的方法是，给一个小小的纪念品。

如果他有了咨询还没有购买，更要让他加微信，告诉他有任何问题都可以在微信上向你咨询。

“1000 铁粉”理论

粉丝比产品重要，

回头客比流量重要，

运营客户比经营店铺重要。

凯文·凯利提到过一个“1000 铁粉”概念，意思是，一个人只需要 1000 名铁杆粉丝就能养家糊口。

我们可以把铁杆粉丝理解成不断重复消费的老客户。

大多数实体店，其实根本不需要太多的流量，只要有 1000 个不断复购的老客户，就可以过得很舒服了。

找到 1000 个铁杆粉丝很难吗？

实体店是有自然流量的，每天进店消费的客户有多少？你用什么手段去留住他们，如何把他们培养成你的铁粉？

你只需要转变一下观念，分一点精力和时间去经营客户就够了。

经营客户，就是在打造私域流量，就是在自建流量池。

在产品过剩时代，粉丝比产品更重要，回头客比客流量重要，运营客户比经营店铺重要。

你的铁杆粉丝，就是你的财富之源，就是你永不破产的银行。

如果你能再做一个动作，让铁杆粉丝介绍他的朋友来店里消费，这就相当于你有了免费的推销员，可以替你带来源源不断的客流。

再把新顾客发展成你的铁杆粉丝，你的生意是不是可以越做越大了？

实体店多赚一倍四步曲

拓客、锁客、客带客和设置多层后端。

当你确定了“以人为本、四个转变”思维之后，多赚一倍，甚至多赚几倍，就可能成为一件很简单的事。

你会用更多的时间和精力去运营客户，而不是经营店铺。

这样你的实体店就很容易实现转型升级，实现多赚一倍。

具体操作，就是四个步骤：

拓客、锁客、客带客和设置多层后端。

1. 拓客

用更多方法吸引粉丝，增加流量，并把他们都添加到个人微信号上。

2. 锁客

最有效的锁客方法，是让客户充值办卡。当然也还有其他方法。

3. 客带客

让客户告知客户，让客户带来更多客户。以前叫口碑营销，现在叫客户裂变。

4. 设置多层后端

20% 的老顾客完成 80% 的销售额。

90% 的利润在后端。

设置好多层后端，可能让你轻松多赚十倍。

拓客、锁客、客带客和设置多层后端，就是实体店的多赚一倍四步曲。

重复地做这四步，你就会发现，生意越来越好做，赚钱越来越轻松。

通过多种途径加粉

谁能低成本解决流量问题，谁就能做好任何生意。

实体店拥有天然的流量。你要把到店的客户都添加到自己的个人微信号上，不管他是否买过你店里的产品。

除此之外，你也要拓展流量渠道，通过其他方式加粉，然后吸引他们进店消费——当然，也可以干脆在线上成交和消费。

比如，你可以跟快递或外卖骑手合作，以赠品的形式，吸引客户添加你的个人微信号；

比如，你可以进小区或写字楼“扫楼”，吸引客户进群，再添加微信；

比如，你可以做地推，以赠品或租赁的形式，吸引客户添加微信；

比如，你可以设置诱饵，让客户心甘情愿帮你做推广，裂变更多客户；

比如，你可以做直播和短视频，可以直接带货，也可以引流到个人微信号；

比如，你可以进入一些群，兴趣群和地域群都可以，然后从群里引流（付费群的粉丝质量会更高）；

比如，你可以参加线下活动，商会、读书会、插花培训或者瑜伽班等，这里往往是高质量流量的来源；

比如，你可以跟其他商家合作，共享流量池……

加粉的方法有很多，但可能没必要学太多。

找到一两种适合自己的、简单有效的方法，去狠狠地执行，再想办法放大就够了。

这样你就会拥有源源不断的流量。

只要你能低成本解决流量问题，你就能做好生意。

我会在实操篇里，介绍一些具体的方法。

可以试试付费流量

精准投放，做好测试，然后放大。

我们还可以试试付费流量。

在电商和微商领域为流量付费，或者叫花钱买流量、花钱买粉，已经是业内共识。

做实体店铺生意的人，往往没有为流量付费的习惯。但实际上，你所付房租的很大一部分，就是流量费用。

地段越好的店铺，房租会越高，因为好地段会带来更多的流量。

你所做的各种促销活动，其实也是在抵达用户，在为流量付费。

做付费流量的关键是先做好测试，效果好了再去放大，不要盲目地投放。

先做泛粉，然后过滤成交

精准客户是不存在的。

在加粉丝到个人微信号上时，要注意一点：不要挑三拣四。

只要能加到的粉丝，就不管三七二十一，先添加过来再说。

严格来说，精准客户是不存在的。

营销其实是一个概率游戏，你的客户基数越大，成交的可能就越大。

先大量加粉，再去做营销推广，最后过滤出价值高的客户，认真做好服务。

一般来说，要先有泛粉，然后从泛粉中过滤、培养出精准粉和铁粉。

如果你添加的泛粉基数太小，是不可能有多少精准粉和铁粉的。

先定一个小目标：加满一个5000人的微信号。

微商领域有一个简单的粉丝价值标准：平均每个粉丝——不精准的泛粉，每年能给你贡献50元的利润。

照此计算，加满一个5000人的微信号，一年就应该有25万元的利润，足够一家小店活得很好了。

在某些领域，粉丝价值会更高。

给新加好友发自我介绍

不需要太长，三五行最好。

有很多人添加我个人微信号后，一言不发，我根本不知道他是谁，当然也不可能去后续消费或者跟他有后续合作。我在清除微信好友时，他们就是被优先清除的对象。

所以把客户添加到个人微信号上后，你要马上给对方发一段自我介绍。

可以把自我介绍理解为硬广告。你平时不太方便给人发硬广告，但是新加好友，做自我介绍是正常的。

自我介绍应该尽量简单，基本内容就是：

我是谁，我开了一家什么店，特色是什么，店址在哪里，什么时候营业，联系方式是什么。

这样方便客户知道你是谁，方便客户找到你。

我通常还会建议你再添加一点内容：我们在未来多长时间内，会有特价、优惠或红包。

这样可以避免客户碍于面子加了你的微信，转个身就会随手把你删除。

自我介绍不要过长，建议尽量控制在三五行，最好手机屏一屏能显示出来，这样阅读体验感会好一些。

我见过直接给我发 1000 多字的自我介绍，根本没有耐心看下去。

句子要简短。

要尽量多分段。

段与段之间要空行。

早在 10 年前，微博刚刚兴起时，我就说过，读者已经没有耐心读完 140 字了。

多分行，用短句，段与段之间留空行，是减少阅读障碍的有效方法。

我不太建议你对刚刚接触、刚加了微信的人发一段视频介绍自己。

相信我，对你没有足够感兴趣，大家是不会点开的。

何况你的视频往往做得大而无当，根本没有考虑客户心理，只是在做生硬的宣传。

介绍完自己，马上促销

发完介绍就促销，增加客户的进店率和消费频次。

在发完自我介绍后，可以马上跟着发一条促销信息：

凭此信息进店消费，可以打几折，或者赠送什么礼品。

还可以更进一步做时间限制：

在 15 天内进店消费，可以凭此信息抵扣多少，或者赠送什么礼品。

还可以做一个更凶猛的设计：

凭此信息，24 小时内进店消费，全场 5 折，再买一送一；7 天内进店消费，全场 5 折。

这是为了让顾客尽快进店消费。

我分享一个京东的案例，来帮助大家理解时间限制的意义。

刘强东有一次设计了优惠券机制，要求优惠券必须在15天内使用，否则作废，不能延时。但京东优惠券的安排常常违背他的意愿，他就发脾气。

后来缪晓虹问他，他才解释说：

如果用户每月平均购买次数是1次，优惠券没有期限的话，会一直搁着不用。有期限，就催促他在短期内把优惠券用掉，平均购买次数就变成了2次。

特别提醒：

促销信息最好以福利的形式发送。

而且要单独发，不要和自我介绍混在一起。

要先发自我介绍，再发促销信息。

如果你有技术力量，也可以用小程序发放限时优惠券。

引导客户网上购物

线上成交更方便、更容易。

你还可以给客户你的微店链接，告诉他可以直接在微店下单购买，送货上门。

如果你有自己的小程序当然更好。

甚至，微店和小程序都不需要，直接让客户微信转账，然后附上地址就好。

微商的主要成交是用微信，不是借助第三方平台。

这就是我们前面提到的双线融合：

把客户添加到个人微信上，把拓客场景、成交场景和消费场景迁移到线上。客户不必进店就能购物，节省大量时间，成交更方便、更容易，而且成本更低。

不妨发个小红包

我们不会轻易删掉给我们发红包的人。

在给新加好友发自我介绍的时候，你还可以先给他发个红包，让他对你更有好感。

一般来说，给我们发过红包的人，我们就会对他有好感，不会轻易删掉他。

对新加的泛粉，也就是没有成交过的客户，可以发个小点的红包。1元、2元都可以，也可以设计个吉利数字。

对已经成交的客户，我们可以设计“加店主微信号返现”活动。

比如添加老板微信号就返现消费金额的20%，相当于打8折，但效果比直接打8折好得多。

在实操篇部分，我会讲具体的案例。

在发红包时可以说几句客气话，比如感谢支持等。

红包主题也可以设置成宣传语。

用好“收藏”功能

可以节约你的大量时间。

微信的“收藏”是一个非常简单而实用的功能。

只是有很多人没有用过。

你给好友发送过自我介绍或别的信息，或者好友给你发来了有用的信息后，只要长按那段信息，微信就会自动弹出“复制 转发 收藏 删除 多选”这个菜单。

点击“收藏”，这段文字或图片信息就进入收藏。

下次你要使用这段信息时，只要点击微信右下角的“+”号，点“收藏”，找出你需要发送的内容，就能瞬间把相关信息发送出去。

可以节省你的大量时间。

你还可以把你的银行卡、身份证、地址和邮箱等经常用到的资料放到“收藏”里，使用的时候，一秒钟调出来，发送。

如果你的收藏里有许多内容，也可使用分类功能。

修改个人昵称

个人昵称就是营销核。

昵称是一个非常重要的营销载体，可以说，昵称就是你的营销核。

不管你是发朋友圈、评论或点赞别人的朋友圈，还是在微信群里聊天，不管你在说什么，你的昵称总是会被人看见的。

甚至你什么也不说，这个昵称只是躺在别人的通讯录里，也可以起到营销的作用。

昵称有四个作用：方便识别、增加信任、传递信息和容易查找。

很多店主的微信昵称，就是一个莫名其妙的文艺范儿或者个性化的名字，对营销没有任何帮助。

建议店主的微信昵称，最好用“店铺 + 职业 + 名字”这个组合。

比如，东明超市王姐、厨神老王、大悦城美甲小余。

这样标识非常清楚。

一看就知道你是谁，是做什么的。

客户即使一时想不起你的名字，也可以通过超市、厨神、大悦城、美甲这类关键词来查找。

当然，你也可以在昵称上加手机号。客户如果微信找你没回复，就可以直接给你打电话。

设置备注和标签

实现客户的精细化、动态化管理。

微信有个“设置备注和标签”功能。

我们可以用这个功能来帮我们精细化、动态化地管理客户。

点击“设置备注和标签”，就可以在“标签”和“描述”里添加内容。

这些内容可以包括客户进店时间、性别、大致年龄、有无成交、成交额、可能的喜好和住址等信息。

你能搜集到的客户资料，都可以添加到“描述”里。

这样你在跟客户沟通时，就可以迅速了解他的情况，有的放矢。

要养成随手、随时更新用户资料的习惯。

每加一个粉丝，每见一个客户，都要随手做好备注。

如果可能，还可以拍张他的照片，作为聊天背景。

用朋友圈养熟客户

建立信任感，促进成交。

要养成每天发朋友圈的习惯，用朋友圈内容来养熟客户。

以一个开酒庄的朋友为例，他的朋友圈，应该发哪些内容呢？

（1）关于各种酒的知识。

（2）客户来参观酒庄的最新照片、动态。

（3）客户购买情况和反馈，也就是客户见证。

（4）新品上架介绍。

（5）促销信息。

（6）自己的生活信息。

其他行业，也可以参考这些内容去发朋友圈。

这样持续地发朋友圈，就是在养熟你的客户，建立信任感，促使成交。

特别提醒：

朋友圈尽可能多发一些专业性的内容，其次是生活化的内容，少发广告，特别是硬广告。

也要控制数量，避免刷屏太多被人屏蔽或拉黑。

一般来说，一天 6～7 条朋友圈，就已经足够了。

经常给客户点赞评论

每一次点赞，就是一次不动声色的广告。

加完粉后，要持续地做一件事：与客户互动。

与客户互动不是要找客户聊天。

你跟客户没有那么熟，直接找人家尬聊，就是打扰人家，很容易被拉黑。

那么应该做些什么呢？

去他朋友圈下面点赞评论就好了。

店里没生意时，这时候你通常在做什么？

是在玩手机，对吧？

好，打开微信，翻朋友圈，挨个点赞。

不要小看点赞这个小动作，点赞就是增加曝光率，就是拉进关系，增加信任感，就是在为成交打基础。

如果可以评论，效果比点赞更好。

评论要以夸赞为主。

看到客户晒孩子，就回复“孩子好可爱啊”；看到客户晒猫，就回复“好想吸猫啊！”看到朋友晒自拍，就回复“好美啊！”

总之是多唱赞歌就对了，千万不要和客户唱反调，也不要批评客户。

可以顺手帮客户一些小忙，比如看到客户在朋友圈晒烦恼，看看能否帮他化解烦恼，或者推荐朋友给他。

持之以恒地与客户互动，点赞、评论和帮忙，拉近彼此间的关系，就是在为成交和复购打基础。

我要特别提醒各位，你的朋友圈，客户未必能看到；但是你给他评论或者点赞，他一定能看到。

前文我们提到，要修改好个人昵称，把昵称当成重要的营销载体，或者干脆说，昵称就是营销文案。

当你给客户评论或是点赞时，客户一定可以看到你的昵称，就是一次不动声色的广告。

如果你有时间，就认真写下评论；如果时间紧张，起码可以多点个赞。

甚至店里有什么活动或优惠时，你可以在昵称里加入相关信息，然后去给目标客户点一遍赞，或者简单评论几个字。

客户根本不会觉得自己被打扰，而你的信息已经精准抵达。他看到了，有意愿，就会来消费。

特别提醒：

不要用点赞程序去自动点赞。

那样很容易被对方发现，然后客户就会对你印象很差，很难再成交。

点个赞花不了多长时间，就不要偷懒了。

用群发消息来促销

不可不发，但也不可多发。

朋友圈的抵达率并不高，点赞、评论的效率也太低，所以有重要信息通知客户时，还是要做群发。

只有群发，才是高效抵达所有客户的唯一手段。其他任何方法很难做到。

群发消息时要特别注意，不可不发，但也不可多发。一个月群发一次，基本已经是极限了。

群发的内容，你需要认真设计，最好是提供给客户优惠信息，而不是你自己赤裸裸的广告。

比如，你可以群发消息给客户，讲明可以凭此消息进店消费打 8 折，或者抵扣 20 元使用。

比如，你可以群发消息给客户，告诉他们，因为什么原因，现在消费有什么优惠。

比如，你可以群发消息给客户，说自己店庆，进店即可领取某某礼物。

当然，你也可以模拟正常的聊天节奏，把群发做到了无痕迹，完全就像是在一对一聊天。这一点很难，但也不是完全做不到。

特别提醒：

不要群发早安、晚安、鸡汤之类内容给客户，以免造成不必要的打扰。

节假日祝福建议也别发。如果一定要发，配合福利。

群发，就是在促使成交和复购。

可以做社群，但是要谨慎

社群有用，但容易出问题。

我们还可以把客户拉进一个微信群里，在社群里养熟、成交、裂变，会更加高效。

微信群要设置门槛，比如消费多少可以进 VIP 群。

一般来说，VIP 群应该给客户一些优惠。

比如复购打几折、到店送赠品、有更优质的服务和有稀缺的产品推行等。

一定要让客户认识到社群的价值，让他们觉得自己是被重视的，自己的身份是尊贵的、受到特别优待的，这样他才会重视社群。

微信群里可以经常做一些活动。

比如每天定时发红包，抢到红包的到店消费都可以打 8 折，抢到最小的打 5 折，抢到最大的免费。

这样让客户形成习惯，到时间就来抢红包。

客户抢到了红包就有可能进店消费，这样就增加了客户的黏着度和消费频率。

也可以做社群裂变。

让客户带朋友进群，双方均有赠品相送，或者够多少人就抽奖。

要注意群里应该有个简单的群规，说明本群的宗旨，有哪些福利和活动，以及不能做哪些事。

特别提醒：

做社群是一件比较占用时间并且很麻烦的事。特别是如果你有一点服务不好，或者产品有问题，客户就可能在群里面互相通气，形成联盟，小问题也容易变成大问题。客户与客户之间也可能产生争执，让你很难处理。

所以做社群要特别谨慎。

最好先进几个其他实体店的社群，学习别人的运营方法，自己再参考执行。

有效锁客，让客户持续消费

除了办卡，还有很多方法。

拓客之后，就要锁客。

锁客之后，客人就会持续到你这里来消费，避免被同行挖墙脚。

最有效的锁客方法，自然是让客户办卡充值。

开店做生意，最重要的就是把顾客转化成会员。

要给顾客一个无法抗拒的办卡理由，然后给会员特别的优待和优惠。

这样同等级别的消费，客户就会优先选择你。

我们前面提到打造私域流量，愿意办卡的客户，才是最优质的私域流量。

但办卡这一招已经被商家用得太滥，而且往往只有类似充值 1000 元送 200 元的手段，实在不够吸引人。

其实还可以有很多锁客手法。

比如扫码进群抢红包、先消费再返现、连环奖励、订金变现或者让利锁客等。

单就办卡而言，也可以有很多方法。

我们将在实操篇里介绍相关案例。

设置诱饵做裂变

让客户心甘情愿为你介绍新客户。

裂变就是客带客，就是让客户告诉客户，让客户带来客户。

客户裂变的精髓是把客户变成你的推销员。

传统营销，你如果想打开一个市场，需要自己建立营销推广团队，然后自己培训团队，自己管理团队，还要为团队支付薪酬。

你付出的人力、财力相当巨大。

如果你学会了客户裂变，让每个客户变成你的推销员，让每个客户帮你做宣传、营销、推广和成交，你就能以最小的成本，获得最大体量的客户群，获得最大的收益。

客户裂变，就是让客户告诉客户，让客户带来客户，让客户成交客户。

这样你的流量池就会越做越大。

这是让你迅速做大做强的捷径。

传统营销理论里提到的口碑营销，其实就是客户裂变的雏形。

口碑营销更多地强调用好的产品、好的服务来获得客户的美誉度，从而将产品信息或品牌传播开来。

客户裂变则更多地研究客户的消费心理和需求，给一个让客户无法拒绝的裂变理由，得到更快、更多的裂变。

传统的口碑营销，基本是客户的自发行为。

我们自建流量池后，就可以设置诱饵，引导客户做裂变，让裂变更高效。

客户愿意帮你做裂变，无非基于三种原因：

1. 有情

他认可你或你的产品，自然愿意帮你主动传播，转介绍客户。

2. 有利

你要设计一套利益分配机制，让他有利可图。

3. 有趣

他并不觉得自己是在帮你介绍客户，只是因为有趣、好玩，就自然帮你扩散出去。

裂变是非常低成本而高效率的营销，可以让你几乎不需要什么营销成本，而成倍、成数倍地放大。

裂变需要做精心设计。

我们会在“实操篇”里介绍一些有用的裂变方法。

设置好多层后端

90% 的利润在后端。

我在《多赚一倍》一书里提过，90% 的利润在后端。

留住老客户，设置好多层后端，比总是要辛辛苦苦地开发新客户简单得多，利润高得多。

实体店往往只是简单地卖货或卖服务，做一次性成交，能引导复购的很少，更不要说设置多层后端了。

设置多层后端，最简单的方法，是设置好产品组合。

一个好的产品组合，最好由引流产品、品牌产品和利润产品组成。

三者各司其职：引流产品带来流量，品牌产品建立信任，利润产品用来赚钱。

引流产品和品牌产品可以少赚钱、不赚钱，甚至赔本赚吆喝，为的是让利润产品更好卖，赚得更多。

例如，电影院真正赚钱的不是卖电影票，而是卖爆米花。电影是个引流产品和品牌产品，爆米花才是真正的利润产品。

在利润产品之上，你还可以设计更高利润的产品，设计更多的高利润产品。

还可由单纯的卖产品、卖服务，转到卖会员、卖模式。

卖会员，以 Costco（开市客）超市模式为代表；

卖模式，简单地说，就是做加盟店。

你甚至还可以卖流量：

有了足够的私域流量后，可以对接微商或其他产品，实现线上销售，把流量再次变现。

后端产品往往是高客单价产品。

但就算不是也没有关系，因为你已经没有了拓客成本，低客单价产品也可能有足够高的利润。

你能够设计的后端产品越多，你赚钱就越容易。

下篇　实操篇

简单优化细节，实现多赚一倍

不花一分钱，也能开实体店

2020 年，我做了一个跨界创业社群：创读会。这是一个付费社群，会员大多是各行各业的创业精英。

一位做高端茶叶生意的会员，向我打电话咨询，怎样才能让她的茶叶店生意更好。

沟通后我了解到，她家茶叶店主营老普洱、老白茶和老岩茶，客户主要是企业主和公职人员。

她新开的茶叶店在当地新城区的新商业街，面积很大，装修很好，她希望知道怎样才能增加客户的进店率和成交率。

我告诉她，提升客户进店率，是个很复杂的问题，也有很多方法。

但有个根本的原则：

你开这个店，位置是不是合适；

你的目标消费人群，在店周围的人数是不是够多，密度是不是足够大。

基于这个原则，我们其实可以跳过这个新店客户进店率的问题，给你一个全新的思路——你要不要去做一个完全不需要房租的实体店，而且生意还更好，更赚钱？

方法其实很简单，你首先要做的，不是要交租、开店和装修，而是要思考一个问题：

你的目标受众，或者说，精准客户是谁？会在哪里聚集？

公职人员我们先不讨论。企业主会经常出现在哪里？

你们当地是不是有商会？或者类似的组织？企业主是不是会经常去商会喝茶或者谈事？

那我们的思路就很清晰了：

把茶叶店直接开到商会，是不是遇到的客户大多数是精准的、高价值的客户？

那么，该怎样把茶叶店开到商会里呢？

也很简单。

首先你要成为商会会员。这个很容易，会费要不了多少钱。

然后，你去找商会会长，或者秘书长，说你要给商会一个赞助，商会全年的办公茶叶你全包了，免费提供你店里最好的茶。

你说商会会不会同意?

反正我找不出不同意的理由。

除了茶叶，你还可以捐赠茶台和茶具，还可以配备一位茶艺小妹。

来了客人，就由茶艺小妹专门来泡茶和做茶艺表演——甚至你只要有时间，就应该泡在商会，亲自做茶艺表演。

你还可以定制一批带商会 logo 和你的 logo，以及你的二维码和介绍的礼品茶，用来送给商会会员。

你来判断一下，这样做的实质，是不是你根本不用花一分钱房租，却能在精准目标客户浓度最高的地方，开了一家最有价值的茶叶店?

你再也不用担心房租，不用担心客流和进店率。来的就是有价值的目标客户。

你把租房和装修的钱省下来，用来做赠品，绰绰有余，而且效果更好。

解析：

这个案例的基本逻辑，可以叫作“共享流量池”。

实体店的主要功能之一，是吸引流量——用位置、门脸吸引客户进店消费。

实体店的租金，有很大一部分，其实是你支付的流量费用——地段越好的店铺，租金越高，就是因为它可以给你带来更多的客流。

那么我们给实体店选址，其实首先要考虑的就是，它能给我们带来多少流量？这些流量是否精准？

在这个案例里，商会有足够的高端精准客户，做高端茶叶生意的那名会员，只需要跟商会合作，在商会里做个茶艺表演，就能获得源源不断的客流，自然就不再需要花钱去外面租门店了。

实体店一定要认真考虑怎样低成本获得流量。谁能低成本获得流量，谁就能做好生意。

不租店面，开 100 多家分店

有位做粮油生意的朋友，在餐饮店里开店中店，没租一个店铺，没请一个员工，却在一个省城开了 100 多家分店。

他用的也是把茶叶店开到商会里的思路，但设计得更加精细。

他独家代理了一种品质非常好的贡米，就锚定了一批中高档餐饮店，先送贡米给餐饮店试吃。

餐饮店老板反馈贡米很好吃，但就是有点贵。他对餐饮店老板说："我可以用普通大米的批发价供货给你，前提是，你要做我的代理商。"

具体怎么做呢？

非常简单。就是做一个分销的小程序，给餐饮店一个独有的分销码，餐饮店自己购买贡米，就是非常便宜的代理价，相当于普通大米的批发价；如果有人通过餐饮店提供的二维码扫码购买贡米，餐饮店就可以分利润。

如果你是餐饮店老板，你是不是也觉得这个设计挺有诱惑的？

然后，你该怎样推销这款大米呢？

很简单，店里做两种米饭，一种是 2 元一碗的普通大米，另一种是 6 元一碗的贡米，让客人自选。一定会有人选择贡米的。

当然，你也可以用各种名义请客人吃贡米。比如消费额达到多少，就送贡米；比如本店店庆，所有客人都升级吃贡米。

大家吃了贡米觉得好吃，就会来问老板：这是什么米？在哪里买的？

老板就可以直接给客人一个二维码，对客人说：“我们用的米就是在这里买的，上面有介绍。你直接扫码下单，可以送货到家。”

在餐饮店里品尝了贡米，再扫码购买的客户，就是精准客户。他们扫餐饮店老板提供的二维码下单，餐饮店老板还可以分到足够的利润，在正常餐饮店利润之外，又多了一笔收入。

而这家贡米的代理商，则可以借助餐馆的渠道，直接把大米卖出去，还不用自建店面，省下了大量的房租和人工费用。

这个代理商先后谈了100多家餐饮店进行合作，相当于不花钱开了100多家分店。

解析：

这个代理商用的是店中店思维，通过整合资源跨界盈利，实现轻松赚钱。

这是一个复杂的“双线融合”：

先把成交场景迁移到线上，让客户可以直接扫码下单，送货上门；

然后，把别人的餐饮店变成了他的产品体验店，利用别人的餐饮店来帮他拓客和成交。

用这种模式，就可以摆脱资金、人工的限制，迅速做大。

本店服务员，特别会拍照

我有一次接待我的社群“创读会”会员，中午大家一起聚餐，饭后想在饭店合影留念，就请了饭店服务员帮我们拍照。

服务员拍完照后我们看了看，都忍不住咧了咧嘴：实在是太难看了！

我忽然有个脑洞，对大家说：

“你们看，饭店里经常会有这样场景，大家会请服务员帮着拍合影。只是大多数服务员帮忙拍的照片真的说不过去。如果哪个饭店对服务员统一培训下拍照技术，然后宣称：本店所有服务员都擅长拍照，你们说生意会不会好很多？”

我相信一定会的。

团队聚餐，往往是要合影的；还有朋友或者情侣，一起吃个饭，也常常要拍照片。

如果有哪家服务员特别会拍照，能拍出好看的照片来，就会成为这家饭店的一大特色。很多人会因为他们会拍照而形成持续消费："我们去那家服务员特别会拍照的饭店吃饭吧！"

甚至，餐饮店还可以专门做一面拍照墙，或者一个标志性吉祥物，方便大家合影或者自拍，这样就很容易被客户自发上传到社交媒体，形成口碑传播。

如果餐厅名字合适，还可以像"田七"广告一样，在拍照时让大家一起喊餐饮店的名字。

这也是一件很有趣的事，会有人愿意录视频上传网站。同时一次次喊餐饮店名字，也是植入潜意识，以后会更愿意来消费。

其实我们日常去哪里吃饭，已经不只是单纯地奔着菜品去的。餐厅增加这么一个特色服务，就能更多地吸引客户，客户还会自发帮你传播。

我还没有见过哪家店这样做的。

抢先行动的，一定有好结果。

解析：

我们不是在销售产品，而是在满足客户需求。

产品只是满足客户需求的一种工具。

对餐饮店来说，提供好的菜品是在满足客户需求，能帮客户拍出美美的照片，也是在满足客户需求。

带背景或吉祥物的照片，一起喊餐饮店名字时的视频，都可能被上传到社交网络上，这就是在做裂变。

放到最大，就是一个好创意

几年前，我有个朋友要开家火锅店，问我有没有什么好点子给他。

我说很简单，你就在你的火锅店门口做一个超大号的火锅模型。

能做多大就做多大，能做多高就做多高。

当大家的质量、价格和服务差不多时，拼的就是营销和创意。

而在创意方面，放大到极致，一直是最简单也是最好的创意。

这个朋友最后做了个两米多高的火锅模型，并且也接受了我的建议，给火锅店起个简单粗暴的名字——“大火锅店”。

火锅店的名字，还有地址和简介，就刻在火锅模型上。

这么大个的火锅，在很远的地方就能被大家看到。大家觉得好奇就会走近来观看，还会拍照上传朋友圈，无形中就是在替火锅店做传播。

既然来了，那就可能点个火锅尝尝吧。

嘿，味道还不错，服务也不错，还有优惠活动，那就办张会员卡吧。

下次跟朋友约吃饭，就会说："我们去吃大火锅吧，对，就是那家，门口有个大火锅的。"

这个大火锅，最后甚至成了当地的地标，一说大火锅店，谁都知道。生意还能不好吗？

做实体店生意的朋友，这个方法是可以借鉴的。

根据你的行业，做一个超大号的道具模型，或者吉祥物就行了。把它放在门口，或者挂在墙上。

一定要足够大，足够大才能形成关注点、记忆点和引爆点。

如果你是开鞋店的，做一只 3 米高的鞋，放在门口；

如果你是开面馆的，做一个 2 米高的碗，放在门口；

如果你是做足疗的，做一个 2 米大的洗脚盆，放在门口。

足够大，就能吸引眼球，就能让客户过来消费，就能让他们主动拍照、拍视频，上传朋友圈和抖音。

如果你店门口的空间有限，不能放太大的模型，也还有个办法：

可以做一个扁平的模型，贴到墙上，还是要放大到最大。

效果也还是不错的。

解析：

没有创意时，放到最大，就是好的创意。

够大，才能被人看见，才能让人惊奇，才能让人记住，才能让人愿意拍照片和视频上传网络，自发地帮你做客户裂变。

够大，还可能形成地标性建筑，更容易带来流量。

与其打折，不如加微信后返现

有一次，我跟朋友去一家餐饮店吃饭。

店里正在做活动，消费金额打 8 折。

这个朋友跟老板也是朋友，老板就过来打招呼。

朋友向老板介绍了我，还从包里拿了本我的《多赚一倍》，让我签名送给老板。

这个老板也是爽快人，马上说这顿饭免单，又送了两个敬菜，还有酒水，然后说："鲆叔要方便，就指点一下，怎样让我也多赚一倍。"

我就分析了一下他的这个 8 折优惠活动：

"你这个 8 折优惠活动，有替你带新客来吗？可能，但也不会多。我是走到门口，才看到你有 8 折优惠的。而且我也不太可能因为 8 折就进来消费。

“再说这个 8 折优惠，能吸引大家来再次消费吗？我看也够呛。你能长期打 8 折吗？就是在你打折期间，有多少人会记得你这里 8 折，然后专门为 8 折跑一趟？

“那我以为，这个 8 折优惠活动，没有太大的效果。它对你家店的整体销售额提升并没有太大帮助。相反，还减少了你的利润。你应该有数据，可以验证一下，我说得对不对？”

老板连连点头：“没错没错，是这样的，来消费的客人稍微多了一点，但多的有限。我们打完 8 折后，算算账，整体流水没增加多少，利润是下降的。”

然后我接着说：“我现在给你一个方案：你还是 8 折酬宾，但是可以引导顾客主动加你微信号，然后你从微信上返现给顾客，让他们对你产生好感，以后愿意进店消费。同时这也方便你随时给他们发店内优惠信息，发新品试吃广告等消息，你有没有兴趣？”

老板：“有有有。”

我接着说：“很简单。不用大张旗鼓地宣传 8 折，你只要在收银时给打 8 折就好了，这样顾客会更有惊喜。具体怎么做呢？收银台按原价收银，收完银后告诉顾客，我们现在有一个优惠活动，可以返现 20%。操作很简单，您只要扫老板的二维码，加他微信，把消费截图发给他，他就会直接给你发红包。”

这是一个非常巧妙的设计：

你去过很多饭店消费，给你打折、送酒水、送果盘的多了，你能记得住吗？你愿意加老板微信吗？就算加了，你对他会有信任和好感吗？

我这个设计，就解决了上述的那些问题。

客户正常去吃饭，正常买单，买完单后，收银员告诉他可以返现20%，这是不是个惊喜？比直接打8折有意思多了。

然后客户扫了老板微信，给了消费截图，老板马上发个红包返现，是真金白银的钱，而不是消费券。客户对老板的好感度是不是马上提升了？

很多实体店千方百计让客户加微信，客户可能碍于情面加了，转身就会删掉。

但是你会删掉这个老板的微信吗？正常人的思维，都不会去删掉给自己发红包的人吧？

老板听得连连点头。不仅免单，送菜，送酒水，又送了果盘，又主动加我微信，给我发了个大红包。

他就是用这个简单的方法，大半年时间，添加了3000多个微信粉丝，基本是方圆一两公里范围内来吃过饭的客户。

以后店里有什么活动，上什么新菜，他都可以用微信群发消息通知大家，直接抵达，效果特别好。

他为自己建造了一个非常精准的流量池，收入很快大幅度提高。

后来在疫情期间，餐饮行业一片萧条，他还是可以靠着私域流量，成功实现自救。

解析：

实体店是自带流量的。

难的是，怎样把公域流量转化为私域流量，也就是让客户主动加你微信。

上面这个案例，是把原来的直接打 8 折活动，优化为先买单，然后扫码加老板微信，再红包返现 20% 的一个举动，客户会觉得自己得了实惠，就会愿意主动加老板微信。

我们不太会删掉给我们发过红包的人，所以加微信后留存率就会很高。

客户加你之后，你要马上发自我介绍、店内优惠信息，并且做好备注。具体方法我们在思维篇里介绍过了。

有用信息，直接群发硬广

2020 年，新冠疫情蔓延，对各行各业，特别是实体行业，打击非常严重。据不完全统计，全国至少有五万家小餐馆关门或转让。

我之前指导过的一家餐饮店也遇到了同样的危机：

没有客人上门消费，怎么办？

我教了他简单的一招，就让他的餐馆起死回生。

我对他说："疫情期间，大家只是不出来堂食，又不是要把脖子扎起来不吃饭。有些人可能会自己研究菜谱，自己做饭；但大部分人是更愿意点外卖的。所以你把重点从堂食转到外卖就好了。"

该怎样多卖外卖呢？

非常简单，不要依赖某些大型送餐平台，用好自己的私域流量。

大型平台上就那么多流量，竞争很激烈，而且成本也高，还会越来越高，所以你一定要用好自己的私域流量。

这个餐饮店老板微信上有 3000 个粉丝，大多数是来饭店吃过饭，而且基本是方圆一两公里之内的，非常精准。

按照凯文·凯利的“1000 铁粉”概念，这 3000 粉丝，足够他活得很好了。

我对老板说：“你只要用一招，就能激活这些客户。这一招，就是群发消息。”

先来写一段文字，大意是：

我是 ×× 餐饮店的老板 ××。感谢您一直以来对我们的支持。疫情期间，我们推出外卖服务，菜品有……您可以回复消息直接点单，首次下单我们再送一瓶饮料。

把这段文字直接群发出去。不用担心发广告会被人拉黑。

有个秘密是：客户从来不讨厌广告，只是讨厌对自己无用又无趣的广告。

疫情期间，大家不能外出堂食，对外卖的需求自然暴涨。你微信上的朋友既然大多数是来店里吃过饭的客户，那就直接发硬广告好了。

大家可以直接通过微信点单，这样就能避免被平台高额抽佣。你有足够的利润，就能进一步提高菜品质量，让客户更满意，更进一步提高复购率。

这个餐饮店老板，就用这一招，激活了自己的存量客户，每天接外卖订单接到手软。在疫情期间，居然赚得比平时还要多。

解析：

我们从来不讨厌广告，只是讨厌那些对自己既无用又无趣的广告。

如果你确定自己的内容对客户是有用的，那就可以直接群发硬广告。

同时这也是一个典型的“双线融合”案例，疫情期间大家不能进店消费，那就直接利用私域流量，实现成交场景和消费场景的线上迁移。

如果你用其他平台获客，就要给平台支付很高的分佣（获客成本），但是你沉淀了自己的私域流量，获客成本就接近于零。

限时抵扣，提高客户进店频率

上一节，我们分享了一个餐饮店在疫情期间，用群发硬广告的方法激活私域流量，成功自救并逆袭的案例。

但是我们要特别提醒，这种直接群发硬广告的方法，是在特殊时期的特殊操作。我们平时群发消息给客户，要尽量避免这样做。

该给客户群发哪些内容呢?

通俗地说，就是让客户得实惠的内容，比如有赠品、赠券或者打折优惠之类的信息。

这种群发内容，最好是限定时间的。

某人在澳洲开了一家宠物用品店，微信上也陆续添加了 3000 多个客户，只是有一半以上的客户，一两个月也不进店一次。

我就建议她群发消息给客户，大概内容是：感谢您对某某宠物用品店的支持，凭此微信，在一周内进店消费，可以直接抵扣10澳元。

3000个客户不必一次性群发完，每天群发100个就够了。这样客户陆续进店，也能服务过来。

很多客户本来是一两个月才进店一次，现在限定时间进店抵扣10澳元，那么就会有相当数量的客户，为了用这10澳元抵扣，愿意进店消费。

这家宠物用品店，只用了这一招，就让客户进店率提升了50%，销售和利润自然相应提升。

解析：

给客户群发广告的频率不要太高，一般一个月群发一次就是极限了。

尽量不要给客户直接发硬广告。要发“让客户得实惠”的信息，比如有赠品、赠券或打折优惠之类的信息。

而且要限定时间。这样才能提高客户的进店频率，进而提升销售额和利润。

故意超时，给客户“占便宜”的感觉

有家餐饮店，推出了一个承诺，15 分钟送菜。

你点完菜，服务员把一个沙漏倒扣过来，在沙子流完之前，也就是 15 分钟内，菜保证上齐。如果过了 15 分钟没有上某个菜，这个菜就免单。

这家餐饮店确实也有这个底气。做出承诺后，从来没有延期上菜的情况发生。

餐饮店老板邀请我过来试吃新菜。我看到这个沙漏，就给了他一个建议：

未必一定要把所有菜都在 15 分钟内上齐。可以偶尔故意晚一两分钟，然后道歉，这个菜免单。

如果你是顾客，每次来这里消费，店里承诺 15 分钟上齐菜，每次都上齐了，你当然觉得这个上菜速度不错，但久而久之，是不是也失去了新鲜感?

忽然有一天，他居然用了 16 分钟才把菜上齐。好，这个意外发生，会让你觉得有点新鲜了;

然后服务员过来道歉：不好意思，客人实在太多，延误了上菜时间，这个菜我们免单。

你是不是会感到很意外而且很开心，觉得老板很实诚，自己占了便宜，同时也会觉得“这家店生意确实好，菜品不错”，以后要常来?

我们强调一下：顾客要的不是占便宜，而是占便宜的感觉。

你让他觉得自己占了便宜，他就会觉得心里很爽，以后就会继续来消费。

而且，他还会刻意地去点那些耗时间的功夫菜。这些菜品往往价格比较高，利润也比较高。这样饭店的客单价和利润就提上去了。

解析：

客户要的不是占便宜，而是“占便宜”的感觉。

故意、偶尔超时，然后免单，迎合的就是客户这种“占便宜”心理。

人类总是迷恋小概率事件。偶尔延误一两分钟，菜品免单，这是小概率事件，顾客会很开心。但你如果每次都延误，客户就没兴趣了，甚至烦了。

所以，只能偶尔让一部分人“占便宜”，不能成为常态；而且延误时间不能太长，一两分钟就好。

如果延误半个小时，客人肯定要拍桌子，以后再也不来了。

跨界社群，低成本获客

可能有人知道，医美行业整体的毛利润是60%，但净利润只有5%。

钱都去哪里了？主要用来投广告，也就是获客。

那么你就会发现，在这个行业，谁能低成本获得流量，谁就能立于不败之地。

我帮一个医美老板做了一个简单的设计，她运营3个月，利润多了6倍。

我是怎么设计的呢？

让她做一个高端女性社群，自己作为发起人，带大家分享品质生活。

这个社群是以线上为辅，线下为主的。她经常组织一些旗袍秀、读书会、旅游和插花艺术等知识分享，当然也少不了亲密关系课程分享。

这样她的身份就变了：以前是医美店老板，现在是个社群组织者。

这是一个很重要的转变，社群组织者可以很容易地接触更多目标客户，建立信任感，增加黏着度，从而更容易成交。

社群本身是有门槛的，可以收费。我建议她把社群的利润分出去，把老会员变成利益共同体，老会员介绍新会员就有很多回报，这样老客户带新客户就有积极性，会愿意带更多朋友进来。

开篇我们说过，医美行业毛利润高达60%，实际利润只有5%，就是因为打广告的费用，也就是获客成本太高了。

我们用跨界社群来获客，就把广告费用省了下来。哪怕业务量维持以前的标准，利润照样可以翻几番。

就这样，她的社群运营了3个月，客人增加得并不多（主要是裂变环节没有做好），但是广告费用省了下来，利润提高了6倍。

这是一个非常健康的运作模式。获客成本降低，可以有更高利润空间，就能提高服务质量；社群运营本身还有利润，持续去做，就能带来更多客户。

解析：

不只是医美行业，各个行业都是一样的。获客成本越来越高，已经成为大家最头疼的问题了。

我们可以这样说，在产品（包括服务）过剩的时代，流量就成为商家的运营重点。谁能低成本地获取源源不断的流量，谁就能做好生意。

我提过一个颠覆性的思维："你打什么广告，卖什么产品，赚什么钱，是可以完全不一样的。只要受众一致就行。"

这个跨界社群的获客案例，就是这一思维的体现：运营高端女性社群，从医美项目中盈利，因为社群和医美项目，受众是重合的。

这个案例讲的也是拓客场景的迁移。

主动出击，到居民小区拓客

我的一个“创读会”会员，在三四线城市开了一家母婴店，生意很冷清，很少有客人进店，苦苦维持了一年多，一直是半死不活。她很头疼。

她来向我咨询，我就给了她一个建议：

不要被动等客户上门，要主动出击，去附近小区拓客。

具体怎么做呢？

很简单。

建几个微信群，在群里放进去五六个自己的亲友或店员，保证这个群有人气。

然后把群名改为一单元大家庭、二单元大家庭、三单元大家庭……把群二维码打印出来，贴到自己居住的小区各栋楼电梯内，或是楼梯间里。大家乘坐电梯的时候，看到二维码，就可能顺手扫码进群。

然后你身为群主，就可以有很多方法去转化客户了。

你去买几台摇摇车放到店门口，然后在群里说，自己在某处开了家母婴店，门口有摇摇车，大家可以带孩子过去玩，只要展示微信群，就免费送 3 个游戏币。

这样一来，就会有家长带着孩子过来玩摇摇车，顺便就可能进店逛逛，买点东西。

这就是利用赠品做引流，吸引精准客户到店，然后再进行转化。

这个方法可以进一步放大。你的母婴店周边两三公里范围内的小区，都可以这样做一遍。

这个学员坚持做了两三个月，建了 300 多个微信群，群里累计有一万多粉丝。生意慢慢好起来了。

解析：

实体店往往没有引流（吸粉）的概念，靠的是门店带来的自然流量。但这种流量极其有限。

我们转变一下思维模式，主动出击，到附近小区去引流，其实就是实现拓客场景的迁移：把拓客场景迁移到微信上，拓展到附近小区。

实体店服务的往往是周边居民的生意，通常两三公里就是极限了，再远了客户就不爱来。

从周边小区吸粉是很好的流量来源，很多生意可以尝试用这个方法做。

有效锁客，办卡就送游戏币

上一节内容，我们分享了一个母婴店到小区里拓客的案例。

我的一个“创读会”会员，开了家母婴店，但缺少客流。我就建议她到附近小区拓客，然后送游戏币吸引精准客户到店，再进行转化。

她持续这样做了两三个月，生意就好起来了。

这个会员给我封了个大红包表示感谢，问我：“李鲆老师，还有没有更好的办法？”

我说：“当然有啦。你还可以通过办卡来锁客。”

你开始不是送 3 个游戏币，让小朋友免费玩摇摇车吗？游戏币用完了，小朋友还想玩，怎么办？

在游戏机旁边摆一块牌子，上面写：“只要在本店办卡充值300元，就送300个游戏币，让孩子尽情地玩。”

这个活动对孩子和家长来说，是很有诱惑力的。

孩子想玩，但很少有哪个家长，会这么大手笔买300个游戏币吧?

1个游戏币是1元钱，充值300元送300个游戏币，等于是免费办了一张卡，卡里还有300元可以购物消费。家长们不用细算账，也会知道多实惠。

推出这个活动以后，家长们就纷纷办卡。

这家店只用了一个月，办卡收到的金额，是过去一年销售额的两倍多。

解析：

办卡是最有效的一种锁客模式。客户一旦办卡，就会来重复消费（复购）。

办卡的逻辑，是要让客户觉得自己占了便宜。

在这个案例，办卡充值300元，就送300个游戏币，游戏币也价值300元，客户就会觉得自己占了大便宜。

这300个游戏币谁也不可能一次性打包带走，而是每次都要进店去领。这样就提升了进店频率。进店次数多了，随手买点东西，卡里的钱可能很快就消费完了，就又需要充值。

同时，母婴店门口天天都有很多小朋友们在玩，几乎成了一个游乐场，也吸引了更多的小朋友来玩，这就是自然流量。流量越大，生意越好。

会员卡裂变，实现零成本拓客

有一个“创读会”会员，在一家职业学校旁边开了个小餐馆。

学校附近小餐馆挺多，他刚开张，生意很一般。

我帮他设计了一个促销方案：

凡是来店里消费的学生，都可以凭学生证，10 元钱办一张会员卡。本次消费直接打 9 折，以后每次来消费，都可以凭卡打 9 折。

觉得这个套路很常见，不够吸引人是吧？

接着往下看。

再推出买一送十活动。谁花 10 元钱办一张卡，你就再送他 10 张会员卡，价值 100 元。

这 10 张会员卡，他可以自己销售，利润 100% 给他。

也就是说，他花 10 元办一张会员卡，自己来吃东西永远打 9 折，同时他还可以卖 10 张卡，赚 100 元钱。

不要小看这 100 元钱，还是有很多学生愿意赚的。

如果 10 张卡卖完了，还想卖怎么办？ 10 张以上，每张卡只收取工本费 1 元。

总会有学生愿意赚钱的，他们就会拼命帮你推销会员卡，也就是帮你吸引流量；有些不好意思赚同学钱，或是懒得赚钱的人，他们也会把会员卡送给同学。

不管怎样，这些卡总是会到学生手里，然后产生效果：让学生来吃饭。

关键是，一定要设置门槛，就是要花 10 元钱办一张卡。如果完全没有门槛，他就不会珍惜。

这个餐馆就用这一招，让老客户成了自己的分销员，几乎是零成本解决了客流量问题，很快成为学校附近最火爆的餐馆。

解析：

客户裂变是一种最低成本的营销推广方法。让客户告诉客户，让客户说服客户，可以节约大量的营销推广成本。

想做好裂变，一定要设置诱饵。

通常来说，客户愿意参与裂变，不外乎三个原因：有情、有利和有趣。

上文案例，就是用利益来吸引客户做裂变。

把几乎没有成本的会员卡变成了可以赚钱的商品，把客户变成分销员，把卖卡的所有利润分给客户，就会有客户愿意主动去帮你做裂变。

首单免单，办卡率提升 10 倍

有个开 SPA 店的朋友向我请教，说自己一直想让客户办卡，但办卡率非常低，不到 5%。

我就问他："你是怎样让客户办卡的？"

他愣了一下："还能怎么办？在收银台旁边放一个易拉宝海报，上面写有规则：充值 1000 元送 200 元，充值 2000 元送 500 元，充值 3000 元送 800 元。我看过很多同行，大家都是这样做的。"

我笑着摇摇头，说："大家都这样做，但是这样做效果并不好。我有个办法，可以让你的办卡率至少翻两倍。"

这个办法就是首单免费。

首先要做一套标准的话术，教给收银员。

客户来买单的时候，收银员就对他说："您好，您今天的消费是 400 元。我们店最近推出了一个优惠活动，所以今天的这 400 元您是可以免单的，要不要了解一下？”

但凡是个正常人，听到“免单”两个字，都会愿意了解一下吧？

收银员就可以接着说：“您只要办一张会员卡，充值 2000 元，今天这一单就可以免单了。”

朋友这家店的正常客单价是 400 元，充值 2000 元，也就是今天消费额的 5 倍，就可以免单，我们稍微算一下就能明白，相当于充值 2000 元赠送 400 元。

而之前的活动是，充值 2000 元赠送 500 元。对比一下，首单免单，其实比之前的办卡充值还能省 100 元。

但是这个活动给客户的心理感受是完全不一样的。

之前是你说服他，让他花钱办会员卡；现在是你帮他省钱，让他免单。客户觉得自己在占便宜，就会愿意充值办卡。

我还给了朋友一个建议：每办一张会员卡，就给收银员 20 元奖励。因为这个方案与之前的方案对比，每办一张会员卡充值 2000 元，其实你是省下了 100 元钱。你拿出 20 元奖励给收银员，收银员就会非常有积极性，会拼命地帮你推销办卡业务。

这个方案效果怎么样？

这家店以前的办卡率只有5%左右，改了方案后，迅速提升到了60%。也就是说，60%左右的客人都会愿意办卡，办卡率提升了10多倍。

解析：

首单免单的方法，适用于很多行业。

在客户买单时告诉他：这一单是可以免单的，条件就是办卡并充值当天消费额的5倍金额，相当于给未来5单打了8折。

当然具体充值金额，可以根据行业特点来调整。

这样一来，你就成功地锁定了客户未来的消费。这个客户就不太容易被你的竞争对手挖走了。

他充了钱在卡里，你还可以获得很好的现金流。

这个案例的基本逻辑是：

客户要的不是便宜，而是占便宜的感觉。

用首单免费，让客户觉得自己占了便宜，从而提高办卡率；

用办卡来锁定客户，获得现金流，提高复购率，从而提升单客价值。

一元烤鸭，吸引办卡

路过一家烤鸭店，门口海报，超大的字体：精品烤鸭，一元一只。

下面还有一行打了个红叉的字：原价 198 元。

也就是说，这家烤鸭店的招牌菜，原价 198 元的精品烤鸭，现在只需要 1 元就能吃到？

不可能吧？

就走进去，了解一下详情：

原来，这家烤鸭店设计了一个办卡机制，你只要充值 99 元就能成为他们的会员，终身享受 9 折优惠。

成为会员后，你只要再加 1 元钱，就可以得到该店的招牌菜，价值 198 元的精品烤鸭一只。

这个活动吸引了很多人来办卡成为会员。

其实你要算下账就能明白，这个活动，相当于首单打 5 折，以后永久打 9 折——但如果他这样做推广活动，还会有这么多人关注办卡吗?

我们再次强调，顾客要的不是占便宜，而是占便宜的感觉。

同样的内容，换不同的方式表达，给顾客的感觉是不一样的。

首单 5 折，是在占便宜，但诱惑还不够；1 元钱得到一只价值 198 元的烤鸭，这才足够诱惑，让顾客觉得自己占了大便宜——在支付 1 元钱之前的 99 元办卡钱，就被他忽略了。

解析：

这个办卡锁客的方案，是用低价爆品吸引客户充值办卡成为会员。具体方法是先确定一个高价值产品，然后用这款产品的成本价去销售会员，成为会员后，再反向赠送这款产品。

精品烤鸭是招牌，价格198元。现在你只需要1元钱，就能得到它，这个诱惑足够大，就会吸引顾客去办卡。

做过餐饮的人肯定知道，售价198元的烤鸭，成本价肯定低于99元。办卡后加1元送烤鸭，烤鸭店不会赔钱。而进店消费的除了烤鸭外总要再点些别的，这就是利润。办卡就是锁客，以后能进店持续消费，就能产生更多利润。

约定返还，更多诱惑

上一节我们分享了 1 元烤鸭的案例，就是用爆品的成本价来吸引顾客办卡，然后反向赠送爆品。这个方案比单纯的打折更能吸引人，办卡效果特别好。

唯一的遗憾是，办卡后终身 9 折，似乎诱惑不够大，顾客再次进店消费的动力不足。

那就还可以再优化一下。

我们可以在这个基础上推出消费返还活动：

99 元办卡，以后消费永久 9 折；

再加 1 元，可以获得一只价值 198 元的精品烤鸭；

然后办卡的 99 元还会全部返还给顾客。返现方法是，顾客每次进店消费，9 折之后再返现 20 元，返完为止。

我们算一下账就知道，9 折之后再返现 20 元，利润还是足够的。而对于顾客来说，感觉更占便宜，顾客就更愿意办卡，以及继续进店消费。

还可以给返现一个时间限制，比如两个月内有效，那就更能在短期内提高顾客的消费频率。

返现活动还可以做个升级版：

限定两个月内进店消费返现，第一次返现 10 元，第二次返现 20 元，第三次返现 30 元，第四次返现 40 元。

顾客会更有兴趣进店消费的。

解析：

作为一家实体店，如果你已经可以成功拓客引流，下一步就是要想尽办法锁客。

把客户留住，让他尽快再次消费，让他多次重复消费，把他牢牢地锁在你的店内，千万不要把他的后续消费留给竞争对手。

一定要记住，办卡只是锁客的手段，不是锁客的目的！让客户重复消费，并且让客户在短时间内重复消费才是！

办卡（成为会员）是最好的锁客方法。但如果只是办卡，后续没有足够诱惑，客户的消费意愿不够强烈，锁客效果也不会太好。

约定返还，特别是约定期限的返还，是非常好的促进重复消费的模型。

“我的钱”，过期不用就浪费了。

这种心理，叫怕失去。

“怕失去”比“占便宜”驱动力更强。

真情实意，持续奖励

有一家美容院，本来是用积分锁客，也就是客户每次消费后，就会有相应积分存到卡里，攒到一定数额，就可以兑换一次消费。

但这个活动的效果并不算太好。

送积分是一种不必办卡就能锁客的方法，各行各业都在用，美容行业当然也不例外。

大家都在使用的手段，对客户就没有什么吸引力了。

我帮美容院做了一个小小的优化，让他们把积分换成赠品。

美容院精心采购了一批小礼物，价格并不贵，但很有特色，惹人喜爱。

客户每次来消费，就赠送一个小礼品。

而且当客户累计消费5次，也就是领了5个小礼物，就可以免费获得店内主营的一个业务。

这是用“真情+实惠”留住客户。这样一来，客户几乎不会再去其他美容院了。

解析：

积分是看不见摸不着的，当然不如精心挑选的、可以捧在手里的礼物更贴心，更让人喜欢。

这些小礼物，摆在家里，经常看见，对客户是一种润物细无声的提醒，提醒她该到店里消费了。

如果你是客户，你手里已经有了4个小礼物，你想到再多集一个，就可以免费做一个项目，你是不是想马上进店消费？

可以看见，可以触摸，可以提醒，这样一个小小的优化，就让进店率提高很多。

充一返三，连环锁客

看到一个办卡锁客的案例：一对 90 后的小夫妻开了一家龙虾店，5 个月赚了 200 万元。

这家店做了一个活动：办卡充一返三，即充 720 元得到一张价值 720 元的会员卡，送价值 720 元啤酒，再返 720 元现金。

顾客充值 720 元，就可以在店里消费 720 元；

赠送的价值 720 元的啤酒，是存在店里的，进店里就可以喝，这就又给了顾客一个进店消费的理由；

返 720 元现金是指，如果顾客在本月 6 日办了卡，从第二个月 6 日开始每次进店消费就返 60 元现金，分 12 个月全部返完。

返现金这里又给了个政策：如果你拿走这 60 元现金，

可以在店里抵100元使用。这样一来，顾客就会愿意在店里抵扣100元，而不是拿走现金。而我们知道，餐饮店的菜品成本，通常是定价的1/3，60元抵扣100元，店里还是有利润的。

解析：

这是一个连环锁客的模型。

办卡充值，充一返三，让顾客觉得超值，就更愿意办卡。

钱已经存到卡里了，店里提前收了钱，现金流充足；顾客进店消费花的是卡里的钱，不心疼。

办卡后，店里存着啤酒，顾客就愿意进店消费。

更狠的是，他居然还规定了进店消费的频率和时间，在规定的时间里进店消费，会再白送60元钱，这样的便宜谁不想占？只要提前提醒一下，十有八九会来。

这个设计，解决了现金流，还能轻松锁客一年。

摇骰子游戏，让烤串店生意火爆

有一家烤串店，你吃完了去结账，服务员就会拿出个骰盅，里面有 3 个骰子，让你摇。

摇到豹子打 5 折，摇到顺子 6 折，对子 8 折，如果 3 个 6 直接免单。

如果你什么也没中呢？服务员就会给一张 30 元的代金券，安慰你下次再来，争取摇个 666。

玩这个游戏，不管结果怎样，大家都会很开心。

很多人还会录小视频，上传到抖音和朋友圈，就又是一轮传播。

吃完烤串，走出店门，觉得老板真不错，这游戏也好玩，于是到处跟朋友宣传，迫不及待再来吃烤串，再来摇骰子。

这家烤串店因此生意无比火爆。

解析：

人性总是迷恋小概率事件，喜欢占便宜，又喜欢好玩、有趣。

摇骰子游戏，就同时满足了这3点。

它不仅让客户开心，愿意来重复消费，而且用“有趣”做诱饵，让客户自发地帮你传播，帮你裂变。

这是一种非常简单的娱乐化营销，效果却很好。

扔飞镖游戏，让月收入翻两番

有个四线城市的朋友开了一家饭店，味道不错，价格也不贵。

但生意很一般，因为同等地段有几家饭店，竞争很激烈。

他准备做个打折活动来吸引客户，来征求我的意见。

我直接对他说：“我建议你不要直接打折。打折毫无技术含量，这是大多数人能想到的办法。很多人做生意都不动脑子，一旦觉得生意不好，就想到打折。结果客流量未必增加多少，利润反而下降。而你的同行为了跟你竞争，也开始打折，价格越压越低，最后大家都没有利润，都活不下去了。”

不过如果有了打折的想法，也就是说你愿意用让利来拓客和锁客，那我们可以优化一下细节，让它起到更好的效果。

这家店正对着大马路，门前是很宽的人行道。小城市管理不严，很多人都在占道经营。

我对他说："你去花 200 元钱，做一个大飞镖盘，挂到对着人行道的这面墙上。飞镖盘上划区域，写上数字，比如 95、90、85、80……一直到免单。

"然后你去买一些飞镖，注意要买那种头部是吸盘的，比较安全。客人吃完饭，买完单后，就可以获得一支飞镖，出来扔飞镖，扔到哪个数字，就可以按几折返现。返现方式是，加老板私人微信号，以红包形式返现。"

这样一来，他的店门口每天都有人在扔飞镖，还会有一堆人围观，大声鼓励，鼓掌或是嘲笑，就能吸引路人的眼球。

路人了解到有这个活动后，就可能进店消费，再试试自己的手气。

扔飞镖成绩好的人，会拍照发朋友圈，围观的人会拍视频发抖音，等于是自发裂变。

然后还会有人刻苦练习飞镖，争取下次来有个好成绩。他只要来了，就是再次消费。

而中奖后的返现是需要加老板私人微信号的，这就是在打造私域流量，后续促销和活动，就很容易抵达客户。

这家店做了这个活动之后，店内的收入当月就翻了两番。

解析：

这个案例的关键词，是娱乐化营销、客户裂变和打造私域流量。

可以说它是我们上一课案例分享的摇骰子游戏（娱乐化营销）的升级版：不只是用游戏来取悦客户、吸引客户，更用加微信返现模式来吸粉，打造私域流量。

加微信返现模式，我们在之前的章节里也分享过。

多种模式组合，效果会更好。

高汤冰块，提高翻台率

我老家的一个朋友，在汽车站附近开了一家馄饨店，跟我聊起一个让自己很苦恼的问题。

车站附近的客流，是一波一波来的。

没有客流就没有生意，但是乘客集中来的时候，店里的桌椅就不够用了。

吃馄饨的客人不会吃得很快，因为刚出锅的馄饨很烫嘴。

其他客人本来想来吃馄饨，但是看人太多了，不想等，就直接走掉了。

然后我就给他讲了老家的一个笑话。

有个男人，骂他老婆："你把饭做熟就行了，做那么热干啥？"

大家笑完了，我给了他一个小建议。

在桌子上放一个保温冰桶，里面放上冰块。吃馄饨的客人有的赶时间，或者嫌馄饨烫嘴，一看有冰块，就可以往汤里加，快速降温。这样他可以很快吃完离开，就能增加翻台率。

但是在实践中我们发现，往馄饨汤里加冰块这个做法，接受的人并不多。因为加冰块会让馄饨汤的味道变淡。

于是我们又做了一个升级版，将高汤放进冰箱，冻成冰块。

用这些高汤冰块代替普通冰块，用普通水煮馄饨，馄饨煮好后，直接放几个高汤冰块下去，馄饨汤就没有那么烫了。

并告知顾客如果觉得味道不够，可以再加几个高汤冰块。

客人也可以自己往馄饨汤里加冰块，这样汤的味道更好了，温度也降下来了，可以很快吃完。

快餐行业的翻台率，是影响销售额的一个重要因素。

给馄饨里加高汤冰块这个创意，就可以让顾客更快吃完，然后离店，提高店内的翻台率。

有了这个小小的改动后，这家馄饨店的流水就增加了 50%。

解析：

策划就是优化。不要伤筋动骨，在原有的基础上，改进一两个细节，是很容易操作而且见效快的。

这个用高汤冰块提高翻台率的创意，几乎没有什么技术含量，也谈不上什么转型升级，只是做了个细节的优化。这个优化，几乎不增加成本，却能简单地提高收入。

做实体店的朋友，应该多试着优化细节。

水果有多重？你来猜一猜

我曾经住过一个很大的小区，小区门口有个集贸市场，产品丰富而便宜；小区里又有各种店铺，可想而知，竞争还是很激烈的。

小区里新开了一家水果店，没想到居然生意火爆，门前天天围着一堆人。

好奇地过去看看，水果店的门口竖着一个大牌子，上面写着5个大字：

水果免费送。

怎么个免费送法呢？

你自己挑水果，然后自己预估一个重量，再上称称重。

如果正好是你预估的重量，水果免费拿走，不用掏一分钱。

可想而知，能一点不差猜准重量，是非常小概率的事件。

几乎没有人能猜中重量，那谁还有兴趣来参与呢?

别急，店主还有其他优惠策略：

你猜的重量与实际重量相差在50克以内，给你打8折；相差在100克以内，给你打9折。如果相差实在太多，他也会再送你一个水果，算是只要参与，人人有奖。

水果反正是要买的，在哪家店买都差不多。既然这里有这么一个好玩的活动，还可能占便宜，那干吗不来这家买?

于是，这家店门口就天天聚集了一堆人，生意十分火爆；这种火爆场景又吸引了不少“吃瓜群众”，“吃瓜群众”看着看着，也忍不住要去试试手气。

店主就是用这个简单的方法，迅速打败了同行，成为小区最火的一家水果店。

解析：

猜水果重量，免费送水果，也是一种娱乐化营销。

娱乐化营销迎合人性的几个特点：迷恋小概率事件、喜欢有趣和喜欢占便宜。

很多行业都可以用娱乐化营销来吸引客户。

你能从 1 写到 500 吗？

有人开了一家时装店，设计了一款非常简单的游戏，吸引了大量客户进店，让销量暴增。

她在店门口摆了纸和笔，让人在纸上面按顺序写阿拉伯数字，从 1 写到 500，中间不能有涂改，限时 5 分钟。

如果全写对了，就可以免费得到一套女装，全场 3980 元以下任选一套；

如果写错了也不用泄气，会赠送给你一张价值 200 元的会员卡，以后进店消费可以永久打 95 折，并且这 200 元还可以分 4 次抵扣使用，每次抵扣 50 元。

这个游戏是要付费的，扫码支付，10 元一局。

游戏看似简单，但其实 99% 的人都会输。输了也没关系，相当于充 10 元得到一张 200 元的会员卡，客户也并不觉得吃亏。

这样想玩游戏的人，就会到店里来看看，顺手买件衣服，服装店的销量因此猛增。

解析：

这也是一个娱乐化营销的案例，但它有几个细节设计得特别好：

首先，设置了游戏门槛，客户要付10元钱才能参与。钱不多，但是已经可以把纯粹想占便宜的非目标客户过滤掉。

其次，是设计好了后端成交流程。输了游戏的人获得已经充值200元的会员卡，可以分4次抵扣，就提高了客户到店频率，增加了销售额。

客户其实是花10元钱办一张能打折的会员卡，卡里还送了200元钱。如果你直接以这个标准劝客户办卡，估计成交率未必有多高。但是通过游戏的形式来做，大家就很开心地接受了。

比赛抓鸡蛋，天天挤爆店

我在一个非常大的小区住过，小区住户十几万人，小区里有很多超市、水果店和饭店，简直就是个小城市。

有次我去一个超市买东西，买完了单，老板又给了我一袋鸡蛋。

鸡蛋并不多，七八个吧。我有点意外，问老板：“为啥给我鸡蛋？”

老板说：“你今天购物超过100元钱了，就免费送你一袋鸡蛋。”

我跟这老板有点奇怪的交情——他喜欢我家的狗，所以我对他印象也不错。

我就对他说：“你这样等人买完单之后再送鸡蛋，效果并不好。大家开始不知道你家店有这个活动政策，就不会进店；就算知道了，估计愿意为了几个鸡蛋，特意来买东西的人也不多。我给你一个优化方案吧。”

这个优化方案，就是抓鸡蛋赢大奖。

要在门口放个大牌子，写清规则：

凡是消费满 68 元，就可以参与一次游戏：单手抓到 8 个鸡蛋，本次消费就全免（最高可免 108 元），并且抓到的鸡蛋免费送。

单手抓到 6 个鸡蛋，赠送一个哈密瓜，再加 5 张价值 10 元的代金券，以后进店消费满 50 元可以抵扣一张，抓到的鸡蛋同样免费带走。

单手抓到 5 个鸡蛋，赠送 3 张价值 10 元的代金券，以后进店消费满 50 元可以抵扣一张，抓到的鸡蛋一样可以打包带走。

普通人几乎不可能单手抓到 8 个鸡蛋，能抓到 6 个的也不太多，但是努力一下能抓到 4 个鸡蛋的人还不少。

这就相当于每消费满 68 元，就送 4 个鸡蛋。4 个鸡蛋不值钱,但是有个抓鸡蛋大赛,大家就很开心,愿意参与。

通过这个活动，这家超市每天生意火爆，很快超过其他同行。

解析：

这是一个把直接赠送变成有条件地参与游戏的娱乐化营销案例。

本来并不太值钱的赠品，让大家参与游戏做比赛，就让人很感兴趣了。

抓鸡蛋比赛后还送代金券，代金券需要分次抵扣，就提高了客户的进店率。

抽奖免单，客流爆满

有个五线城市，原本有两家大型超市连锁品牌店，生意都不错；后来有个新的超市品牌想去开连锁店，就来问我有什么好办法能打开市场。

我建议这个品牌做一个“抽奖免单”的活动，来吸引客户，增加人气。

具体怎么做呢?

每周举办一次抽奖活动，设置一、二、三、四等奖若干。

一等奖奖品，是本月所有消费返现，相当于免单；

二等奖奖品，是本月所有消费返现 50%，相当于消费打 5 折；

三等奖也有丰厚礼品，并赠送代金券；

四等奖没有返现和实物，但会赠送代金券。

要参加抽奖活动，唯一的条件是先办一张卡，中奖返现时，以刷卡消费金额为标准。

通过这样的模式，超市吸引了大量的人气，之前在其他超市长期消费的客户也来了这家新超市，并且被模式吸引，都办了卡。

反正总是要消费，在哪里买不是买？到这里买可能会中大奖，那就可以免单啊！

本来可买可不买的东西，现在也买了吧，要是中奖了，就是白拿啊！

到了开奖时间，超市又做了隆重而热闹的颁奖晚会：在门前广场搭了台子，请人来唱歌跳舞表演，然后颁奖，这样就又吸引了很多围观人的眼球，吸引大家进店消费。

解析：

人性总是喜欢占便宜，总是迷恋小概率事件。抽奖免单，正好迎合了这种需求。它不仅增加了客流量，还提升了客单价。

参与抽奖需要办卡，并预存金额，这就成功锁客，还确保了现金流。

获奖者获得代金券，是进一步的促销。

颁奖晚会能让更多人知道抽奖免单活动，更愿意进店消费。

卖不出去的货，把它送出去

有一个“创读会”会员来找我，说自己遇到两个问题：

第一，自己家店的附近，又开了两家母婴店，分走了自己的客户，竞争变得很激烈；

第二，自己前一段时间进了一批婴儿床，适合 0 ~ 2 岁婴儿用，没有甲醛，质量很好，但有点贵，正常零售价 1000 元。结果完全卖不动，压了差不多 20 万元资金。

他准备降价打折处理这批婴儿床，但是又担心就算是降到进货价，也还是卖不出去。

我对他说：“这个好办，卖不出去的货，我们把它送出去好了。”

如何送呢？

我们首先要强调这款婴儿床无甲醛这个特点，然后推出政策：

这款婴儿床，您可以不必买，我们送给您用，您只要交 1300 元押金就好。

将来您退还产品，我们就把押金退给您。本来还应该按年收 10% 的折旧费，如果您在本店消费额超过一定金额，那么折旧费我们也不收取了，完全让您白用。

婴儿床是母婴店里利润比较高的产品，但对孩子父母来说，这个东西就有点鸡肋：

没有它，有点不方便；买了它，也用不了多长时间。

有些经济条件一般的家庭，可能就干脆不买婴儿床，或者买个便宜的对付了。

所以零售价上千元的婴儿床卖不动，是正常的。

那如果婴儿床可以让你免费用，你是不是就不在乎它的价格了？甚至还会觉得它越贵越好？

零售价 1000 元你可能嫌贵，但是交押金 1300 元，这钱反正是要退的，就不觉得贵了。

这家母婴店就用这个方法，迅速清空了婴儿床库存，收回近 30 万元现金，店里有了强大的现金流。将来，婴儿床回收回来，稍加翻新，还是可以继续租出去的。

婴儿床是免费送的，床上用品总要顺手买吧？就又赚了一笔钱。

婴儿床的质量实在好，比朋友家的质量都好，那客户就会觉得，这家店其他产品一定不错。于是玩具、奶粉、纸尿裤和婴儿服装等也都可能到店里来买，其他两家店就被彻底打败了。

解析：

这个案例给我们两点启发：

（1）不要指望所有产品都赚钱。

设置好产品组合，有些产品用来赚钱，有些产品就用来引流。

这个案例里，婴儿床就成了引流产品，用床上用品、服装、玩具、奶粉和纸尿裤等产品来赚钱。

（2）卖不出去的产品，就把它送出去。

卖 1000 元客户嫌贵，但交 1300 元押金免费送，客户就觉得自己占了便宜。

这种做法既保证了自己的现金流，同时带动了店内其他产品销售，打败了竞争对手。

你健身，我给钱，来不来?

有朋友花了1000多元，办了张健身卡。快一年了，他只去了一次——小区停水，她去健身房洗了个澡。

这位朋友可能是个极端案例，但实话实说，一时冲动办了健身卡，然后几乎不去健身房的人，大有人在。

办健身卡的朋友会互相开玩笑：什么？你办了健身卡居然还去健身？你简直是非人类！

健身房欢迎这样的客户吗？难说。

最起码，第二年你再让他续费，他基本是不会续的。

有家健身房推出了一个有趣的活动：你健身，我给钱。

你只需要办一张1680元的年卡，然后你每次来健身，就奖励你6元钱。以微信红包形式发放。一年365天，如果你天天来，一共返还2190元，健身房还要倒贴你510元。

这个活动一推出，马上吸引了很多人。

大家踊跃办卡，还要在朋友圈晒红包截图，相当于打卡，证明自己在努力健身。如果朋友看到了，就会好奇地问：“你在哪家健身房办的卡啊？为什么健身还有红包领？我也去办一张健身卡。”

这就是客户裂变，又带了不少新客户。

但实际上，不可能有谁天天都来健身。健身界的大神级人物，也不过每周健身 6 天，然后休息一天；一周来健身两三次，就算是健身达人了。我们算算账就知道，大神基本能通过领红包把年费领回去，健身达人差不多能领一半，健身房还是有利润可赚的。

大神和达人一直领红包，也会有点不太好意思，就会主动帮健身房介绍客户。同时，他们经常健身，就有可能请个私教，买点饮料、蛋白粉和跑鞋等产品。

这家健身房做的这个看似吃亏的活动，却让会员爆满，比其他健身房赚得都多。

解析：

健身返红包这个活动，有几个内在的商业逻辑：

（1）确保现金流。现金流比利润更重要。

（2）用“有情”和“有趣”让客户做自发裂变，带来更多新客户。

（3）成功锁客，然后设置多层后端。比如私教、饮料、健身服、跑鞋、泳衣、护目镜、手套和蛋白粉等产品，可以带来更多利润。

异业联盟，互相导流

在一条商业街，有一家服装店、一家餐饮店和一家美甲店，三家店相邻，生意都一般，能维持，但都不怎么赚钱。

我给了他们一个互相导流的方案：

客户进了服装店，就建议他办卡，告诉他：你只要办卡充值 500 元，以后进店消费就永久 9 折，再送隔壁餐饮店 500 元代金券、美甲店 500 元代金券，到店消费可以直接抵扣。

来买衣服的客户，反正大多数也有吃饭和美甲的需求，一看这么实惠，等于充值 500 送 1000 元，就很爽快地办卡了。

对服装店来说，办卡就意味着锁客成功，客户以后会来持续消费。

对餐饮店和美甲店来说，服装店每有一个客户成功办卡，也就是在帮他们引流成功一个客户。

餐饮店和美甲店也同样这样做，来店消费的客户，办卡充值 500 元，就送另外两家店的代金券。

就这样，三家店互相导流，营业额都很快涨了两三倍。

解析：

这个案例的逻辑是做异业联盟，然后共享流量池。

不同行业的店铺，客户群体可能是重合的。服装店的客户也需要吃饭，需要美甲，那么大家就可以形成异业联盟，互相引流。

异业联盟的基数还可以再大一点，多几家店铺参与，效果会更好。

天天发红包，生意很火爆

很多实体店习惯让客户扫码进微信群，但是又缺乏社群管理运营的能力，结果这些客户群要么冷冷清清，成了死群；要么天天有人发广告，甚至吵架，很难管理。

有家烧烤店，只用了一招，就解决了这个难题，那就是：定时发红包抽奖。

每天晚上 7 点，群主在群里发红包抽奖。抢到最大红包的送 20 瓶啤酒，本日所有消费打 8 折；抢到其他红包的，送 5 瓶啤酒，本日所有消费打 9 折。

这样一到了晚上 7 点，大家就会盯着群，等着抢红包。抢到了红包就会进店消费，而且还会呼朋引伴，一起来撸串喝啤酒。抢到了红包的记录、撸串喝啤酒的视频，还会发朋友圈炫耀。

这家烧烤店也因此生意十分火爆。

解析：

抢红包抽奖也是一种娱乐化营销，迎合了人性迷恋小概率事件、喜欢占便宜和喜欢有趣等特点，很受欢迎。

每天定时红包抽奖，也解决了社群黏性问题。

社群管理一直是个麻烦事儿，没人互动就冷冷清清；而互动多了信息太多让人觉得被打扰了，就会屏蔽群消息或者退群。

但每天定时发红包，大家就会到时过来抢红包，平时不想看群的就把群屏蔽掉。有重要信息通知大家时，可以选在抢红包之前通知。这样信息抵达率就会很高。

抢红包抽奖还促进了客户裂变，无论是带朋友来撸串，还是晒朋友圈，都是在做客户裂变。

抢红包抽奖还促进了复购。客户可能今天没准备来吃烧烤，但是中了奖，就会来。

扫码进群，就送啤酒

有次去逛商场，看到一家火锅店门口放了一个易拉宝，易拉宝上印着个大大的二维码，下面简单粗暴两行大字：扫码进群送 24 瓶啤酒，所有配菜 88 折。

是挺吸引人的，反正也到饭点儿了，就扫码进群，然后进店吃火锅。

进了群发现，群里有个公告，核心有两点：

（1）赠送的啤酒每次限消费 4 瓶，其余的存在店里，下次来接着喝。限期两个月用完。

（2）每天上午 11 点，下午 5 点，群里发红包抽奖。抢到最大红包的送一个锅底，抢到最小红包的送一盘羊肉。抢到红包的其他人送一个蔬菜拼盘。

我不禁感叹，这老板太会做生意了。

啤酒成本才多少？一次性送24瓶，看着很多，其实也没多少钱。

关键是，每次消费限4瓶，你要把这24瓶啤酒喝完，就要来6次，等于老板用这24瓶啤酒，锁定了你6次消费。

单纯的88折，可能不足以吸引你扫码进群，不足以吸引你再次进店消费，但“送啤酒+88折”，诱惑就成倍增加了。

再加上每天的抢红包抽奖，有免费锅底或羊肉、配菜，有啤酒，其他配菜也打88折。凡是抽中了的，肯定不会再去其他餐饮店消费了。

解析：

（1）我们在思维篇里提到，不要只扔给顾客一个二维码，而是给顾客一个扫码加你的理由。这个案例，24瓶啤酒，88折配菜，就是足够的理由。

（2）大多数人有个心理，叫“怕失去”。这家店里还存着一二十瓶啤酒，去其他店消费，这啤酒就损失掉了。为了规避损失，就会愿意再次进店。

（3）每天两次红包抽奖，保证了群活跃度，也增加了客户的消费频率——反正是要吃饭的，抢到了红包，干吗不来？

1元吃虾，微信群裂变

有家火锅店，做了个“1 元吃虾，微信群裂变”的活动，成功地让客流量增加了 4 倍。

操作手法很简单，首先把微信上的老会员集中起来建群，每 100 个人建一个群。

然后动员大家拉亲朋好友进群，每人可以拉 4 个人进群。

等群人数到了 500 人，就在群里发 100 个红包。

抢到红包的，可以微信支付 1 元钱，免费吃一份价值 68 元的招牌鲜虾。

然后，把这 100 个中奖的人移出群，再发 400 个 58 元代金券。这样参与者人人有奖，没有心里不舒服的。

到店里 1 元吃虾，总要点个锅底，再点几个菜。虾的成本，就从锅底和其他菜品里补出来了。火锅不可能一个人吃，通常都要三四个人，点的菜多，火锅店是有足够利润的。

火锅店就用这个方法，增加了 4 倍以上客流量。

解析：

这个案例用了 3 个营销方法：

客户裂变：用利益和有趣吸引客户，让他们帮你传播，带来流量。

娱乐化营销：利用人类迷恋小概率事件、喜欢占便宜和喜欢有趣的特点，做红包抽奖，1 元吃虾活动。

后端利润：用锅底和其他菜品盈利。

卖产品不如卖会员，卖会员不如做裂变

我曾经在北京市东三环边一个很大的写字楼里办公。当时楼下有家咖啡厅，生意一直很一般——附近还有好几家咖啡店，竞争是很激烈的。

后来我帮他设计了一个会员模式：只要办卡充值 99 元成为会员，就可以送 10 杯咖啡，每杯售价 38 元。

这样等于是花 99 元买了价值 380 元的咖啡，客户自然觉得很实惠，就纷纷办卡。

然后再请老会员推荐自己的同事来办卡，每成功推荐 1 人办卡，就多送一杯咖啡；推荐 3 人办卡，99 元就全部返还给你。

对咖啡店来说，等于花 38 元引流一个可以长期消费的有效客户，获客成本还是相当低的。而且是收到 3 个

99 元才退一个 99 元，现金流没问题。

这个方案一经推出，本来在其他咖啡店消费的客户，纷纷进店办卡消费，客流量从一天 40 人左右暴增到 300 多人。

咖啡店的房租和人工是主要成本，咖啡本身成本并不高，99 元 10 杯咖啡，是基本可以打平的。

客户进来后一般会点些其他小食或者餐食，这就可以产生利润；客户往往不是一个人来喝咖啡，会带其他同事、合作伙伴一起来喝，也会产生利润。

解析：

在客流量基本恒定，竞争对手众多的情况下，谁能抢占客流、长期锁客，谁就能立于不败之地。

99 元 10 杯咖啡，这就是一个让客户无法拒绝的办卡主张，能说服客户赶快办卡，从而成功锁定客户，长期消费。

转介绍 1 位客户送一杯咖啡，转介绍 3 位客户退 99 元会员费，这是用利益诱导客户帮你介绍客户，也就是客户裂变。

咖啡是引流产品，可以不要利润，通过餐食来赚取后端利润。

把会员变成合伙人，零成本开分店

有一家美容院，不花一分钱，就在一年时间里开了 6 家分店，并且每家都在盈利。

他是怎么做到的呢?

这家美容院已经开了好几年，已有了一批忠实的老会员。

美容院准备开分店时，就先从老会员中挑选了 30 位铁杆会员，请他们做新店的合伙人。

条件很简单，只要交 2 万元，就可以拥有新店 1% 的股份，年底拿出 30% 的新增利润来分红。合伙人介绍过来的客户，另外有 15% 的转介费，每月结算一次。

另外再送合伙人 100 张折扣体验卡，总价值 2 万元。合伙人可以自己选择是赠送或者出售。持体验卡进店消费的客户，自然成为合伙人的转介绍客户。

开新店需要解决两个问题：资金和客户。这个模式同时解决了这两个问题。

对常去美容院的老会员来说，2 万元实在不算什么特别大的钱。

交 2 万元成为合伙人，拥有一家美容院的股份，还可以分红，很多人根本不需要犹豫就会给钱。

一个人 2 万元不算多，30 个人 60 万元，基本够开新店的成本了。

合伙人机制也解决了客户的问题。

每一个喜欢上美容院的人，身边一定都会有几个闺蜜姐妹，大家也有美容的需求。

合伙人带自己姐妹进店消费，还可以自豪地说这是自己的店，可以打折优惠，也很有面子。

就用这个方式，这家美容院一年开了 6 家分店，而且都在盈利。

解析：

这是一个简单的超级资本分拆融资成功的案例。

通俗地说，就是把一个比较大的项目，拆分成一些比较小的投资，让更多人参与，项目也就容易成功。

客户在这里，不只是消费者，也是合伙人和销售员，发挥了更大的单客价值。

美容院项目要注意的是，提前约定合伙人只拥有分红权，而没有决策权。

否则谁都想插手经营，龙多不治水，店就没办法做下去了。

绅士西服真的能打一折吗?

1973年，日本东京银座新开了一家服装店，“绅士西服”。

绅士西服一开业，就放了个大招：“全场第15天打1折。”

在当时的东京，人们最多听说5折6折的大促销，1折是前所未闻。

而且是新开的店，1折是不是太夸张了?

绅士西服“第15天打1折”的具体销售规则是：

所有商品，在开张第1天打9折；

第2天打8折；

第3、4天打7折；

第5、6天打6折；

第7、8天打5折；

第9、10天打4折；

第11、12天打3折；

第13、14天打2折；

第15天打1折。

这真是非常洞察人性的阶梯降价设计。

大家都想占便宜，想用最低折扣买到合适的产品。

只是产品的数量是有限的，你喜欢的产品，根本不可能留到最后一天。

绅士西服的每个款式，都只有20套。

这个活动推出后，第1天和第2天前来的客人不多；第3天、第4天开始多起来。

等到第5天、第6天，西服开始打6折的时候，客人就开始潮水般涌来，开始有成交。

一般来说，等到第7天，西服开始打5折时，大家就开始哄抢，不可能再等到打4折了。

就这样，绅士西服虽然号称是“第15天打1折”，但通常到了第7天、最多第9天，店里就已经没货销售了。

老板就重新上货，开启新一轮的“第15天打1折”促销活动。

绅士西服就通过这个活动，在短短半年时间内，发展成了东京最驰名的一个品牌。

据统计，约有 80% 的职业男性穿的是他们的西装。

解析：

绅士西服用的促销手段是“阶梯降价法”，新品上市时价格最贵，然后过一段时间降一次价，不断降价直到 1 折，甚至免费。

这种促销手法利用的是人“想占便宜”和“怕失去”的心理。如果你足量供应产品，长期打 5 折，他未必来买。但是不断降价，可能被别人买走，自己就买不到了，他就会冲动下单。

这种促销手法有两个关键：

（1）限量。使产品在 5 折左右被抢购一空。

（2）定价。设置合理的价格，在 5 折时仍有利润。

哪有隔夜肉？都被抢光了

国内学绅士西服学得很到位的是“钱大妈”。

我曾经住过一个中等小区，小区里本来开有两家小超市，后来门口又开了一家钱大妈，小超市的生意就慢慢做不下去了。

钱大妈的口号是“不卖隔夜肉”，它从每晚 7 点开始打 9 折，每隔半小时低 1 折，时间越晚折扣越低，直至当晚 11:30，全场未卖出的肉就免费送。

如同绅士西服的“第 15 天打 1 折”永远不可能实现一样，我们也永远等不到钱大妈免费送肉的时候。

因为每天到了晚上 7 点，就开始陆续有人进店准备买肉；到打 8 折时，买肉的人已经很多了；通常等到 7 折时，肉就已经买光了。

我经常晚上 9 点左右出去遛狗，如果看到钱大妈还有肉，就会直接买一大堆，放到冰箱里。

我都会来占这些便宜，更不用说那些大爷大妈们了。

营销做的就是人性。

钱大妈号称不卖隔夜肉，就给了高端用户很好的体验，保证每天买的都是新鲜肉。

晚上再通过打折销售，给顾客一种紧迫感，给想占便宜的顾客一个占便宜的理由。

所以，钱大妈超市每天的肉都会买光。靠这一招，钱大妈打出了品牌，吸引了很多人加盟。

解析：

不卖隔夜肉的背后，需要极致的供应链。但这不是我们要探讨的重点。

我们只分析不卖隔夜肉的逻辑：如同绅士西服一样，钱大妈不卖隔夜肉，是用阶梯降价来吸引客户，促使其在某个价格区间赶快下单。

不卖隔夜肉，也形成了一个口碑效应，能吸引更多的客户。客户进店之后，也会买别的东西，这样就会产生更多的利润。

最后，钱大妈这个品牌做起来了，就会吸引更多的人投资加盟。2019年，钱大妈已经有实体门店1600多家，年复合增长200%以上。

别人降价我涨价，销量利润双提升

我有一个“创读会”会员，她在一个四线城市，当地最好的小区，买了套房子。

这是个新小区，各种设施都不错，是当地比较贵、也是比较大的一个小区。小区里年轻人很多，孩子很多，带小孩的老人也多。

这个会员就在小区里开了一家面包店，一开始生意还不错。但到了后来，小区里陆续开了几家面包店，竞争变激烈了，她就觉得压力山大。

她来问我：“李鲆老师，我能不能像别人一样，做一个降价促销活动来吸引客户呢？”

我对降价打折一直没有什么好感，这本书里已经说过好几次了。我觉得降价打折毫无技术含量，而且是饮鸩止渴，大家都降价竞争，最后把利润降没了，就没办法活下去了。

我给这位会员做了一个策划，要求她把所有单品价格都提高10%。

她很震惊："现在生意这么难做，我还要涨价？这不是找死吗？"

我说："不会的。首先，你们小区房价贵，说明当地有消费能力、讲究品质生活的人大部分住在这里。大家是愿意为品质生活买单的。所以你不要打价格战，而是要涨价，要用品质来占领市场。"

怎么做呢？模仿钱大妈"不卖隔夜肉"，做一个标语，"只卖最新鲜的面包"。

这句话，要做个大大的牌子，展示在店门口。

店内每批面包，都标明出炉时间。最新鲜的面包，价格贵10%，讲究品质的人是愿意为此买单的。

如果1个小时后，面包还没卖出去，就降价10%；2个小时后还没有卖出去，就再降价10%；以此类推，一直到免费。

前面说了，这个小区里楼盘贵，所以会聚集最讲究生活品质的人，特别是年轻人。他们愿意买最新鲜的面包，略贵一点，贵10%，是没问题的。

同时，这个小区也有许多老人家，他们更愿意买便宜货。那么你一小时降一次价，就是在吸引他们。

一般降价到 7 ~ 8 折时，老人家就会来抢了，很多人是一次买很多，囤起来。

所以就像绅士西服永远不可能 1 折，钱大妈永远不能免费送肉一样，你的面包，最多到 5 ~ 6 折，就一定可以全部卖出去。

解析：

这是一个很有趣的设计：

先涨 10%，吸引高端客户，也产生足够的利润；

然后用阶梯降价法，吸引占便宜的老人家，并且让他们在某个价位时产生恐慌心理，赶快抢购。

这种先涨价再降价的策略，比直接降价体面。能吸引不同的消费群体，也让面包店的利润大幅度提升。

第二杯半价，增加利润

有家奶茶店推出了一个活动：第二杯半价。

第二杯半价，其实也是很多饮料店，以及肯德基和麦当劳的常规促销手法，而且一直在用——这就证明它永远是有用的。

为什么会第二杯半价呢？

因为正常情况下，一个人只需要买一杯饮料就够了。

但是第二杯半价的话，第一杯15元，第二杯就只要7.5元，就会有人为了占便宜而愿意多买一杯。

饮料的直接成本其实是很低的，哪怕是半价，也依然有钱赚。

那为什么第一杯要卖15元，不能便宜点？

因为奶茶店要支付房租、员工工资，还有拓客成本。

没有足够高的定价，就没有利润空间，就没有钱赚。

但是顾客既然已经进店消费了，那就不妨用“第二杯半价”让他多买一杯，奶茶店就会有更高的利润。

第二杯半价也承担了拓客、引流和裂变等作用。

假设你跟朋友逛街逛累了，准备去喝点东西，却选择恐惧症发作。这时你突然看到“第二杯半价”，你是不是会大喜过望，当机立断，再也不用犹豫了？

假设你准备去吃某家已吃过的店，看到他们正在做“第二杯半价”活动，但你现在是孤身一人，你是不是会马上呼朋引伴，让朋友过来跟你一起进店消费？

第二杯半价，真是常用常新，永不过时。

解析：

人类总有占便宜的心理。第二杯半价就迎合了这种心理，从而提高了客单价，并起到了拓客、引流和裂变等作用，从而让利润最大化。

做第二杯半价活动，一定要核算好自己的成本，避免赔本赚吆喝。

另外还可以设置产品组合，用第二杯半价吸引顾客进店消费，然后再用其他配套产品来实现盈利。

倒阶梯定价法，提高电影院上座率

2019 年初，我回了趟老家，一个十八线的小城市。

当年我离开时，那里还没有一家电影院，现在竟然有 3 家，其中一家还是我同学开的。

同学向我大倒苦水："我做这个电影院投了很多钱，开始时还赚了一点，后来就一直在赔钱。上座率实在太低了！很多人都是一个月，甚至两个月才看一次电影。并且又有两家电影院跟我竞争，分走很多客流。但不管上座率再低，电影还是要放映，成本都回不来。"

我给了同学一个建议，倒阶梯式的定价法。

只要有人进了电影院，我们就向他推荐电影院的会员卡。这张卡只需要 5 元，办完卡，便可以享受阶梯式的降价服务。

这个月你第一次来看电影，一张电影票是 50 元；

第二次来看电影，一张电影票只需要 20 元；

第三次来看电影，更便宜，只需要 10 元；

第四次来看电影，只要 5 元。

如果能来第五次，就只要 1 元，几乎是白送。

通过办卡、阶梯式降价的方法，我们就把顾客看电影的需求激发出来。

本来一个月只看 1 次电影，现在可能一个月会来看 3 次，甚至 4 次、5 次。

而且，一般人来看电影，不会自己一个人来，往往会跟朋友一起过来，电影院的上座率就更高了。

有人可能知道，电影院真正赚钱的还不是电影票收入，而是卖爆米花、可乐和果汁等。当上座率提高后，其他的消费也会随之增加。

这家电影院，只用了两个月时间，收入就翻了两番。

解析：

倒阶梯定价法的内在逻辑，其实有一点像“第二杯半价”。

两者是通过“价格歧视”，提高顾客的消费频率，从而提高利润。

电影院的边际成本接近于零——这一场电影坐 100 个人，还是坐两个人，电影院都要付出同样的服务和成本。所以当然是人越多越好。

同时进电影院的人多了，爆米花和饮料就会卖得很好，这部分利润才是电影院的大头。

提供增值服务，提高复购率

有一家高档服装店，客单价足够高，利润空间也足够大，但顾客复购率很低，老板很头疼。

他准备推出老顾客打折活动，来吸引大家复购。

我听到“打折”这两个字就头疼……已经懒得再解释为什么了。

我直接对老板说：“这样吧，你不用直接打折。把准备打折返现给客人的利润拿出来，提供一项增值服务，就能有效地增加复购率。”

推出这项增值服务后，这家服装店在3个月内，复购率翻番，办卡率也提高了60%。

是什么增值服务呢?

在服装店附近找一家干洗店合作，每月固定给他们一批衣服干洗。大客户可以谈到比较低的合作价格。

然后你给客人提供会员服务：只要成为本店会员，就可以免费干洗衣服，当然只限在本店购买的衣服。不是在本店购买的衣服，也可以送过来干洗，只需要收一点费用，比市场价低不少。

会员卡分3种：银卡、金卡和白金卡。

银卡只要买一件衣服就直接送，金卡需要消费到某个金额，白金卡则需要储值一定数额。

银卡一个月可以免费干洗1件衣服，金卡一个月免费干洗2件衣服，白金卡一个月免费干洗4件衣服。

（需要做个说明：这些数据是我在这里编出来的，实际数据要根据具体的成本和利润等计算。）

提高复购率的基础是什么呢？是提高顾客的进店率，其实也就是占用顾客的时间，提高顾客的黏性。

原来你卖出一件衣服后，顾客可能三五个月都不会再来；开始免费赠送洗衣服务后，顾客每个月都会把衣服拿回来干洗，而且可能不止一次。他每次过来，总要顺便看看店里的新款吧？销量就这样提高了。

解析：

营销就是多占用顾客的时间，提高接触客户的频率。

而成交的关键，则是提出一个顾客无法拒绝的成交主张。

免费为顾客干洗衣服，就是一个让顾客无法拒绝的成交主张。顾客愿意为了这项服务去买衣服、办卡充值，并且愿意多进店几次。

把原本准备打折的利润拿出来，换成一个顾客无法拒绝的赠品，用这个赠品来促使顾客办卡，提高顾客的进店率，从而提高复购率，提高利润。

这就是这个案例的逻辑。低频次消费的产品，不妨参考使用。

肯德基找不到好程序员吗?

2017 年，肯德基 APP 出现了一个大 BUG，用户将账号生日改为“20160828”，就能在 5 分钟内获赠一张 6 人全家桶半价券，有效期至 8 月 31 日。

于是一传十，十传百，大家纷纷下载肯德基 APP，抢着半价定全家桶，把肯德基 APP 刷到了下载榜前 50。

那么问题来了。

第一个问题:

难道肯德基这么大一个公司，就找不到一个靠谱的程序员吗?

他们怎么可能让 BUG 出现，而且迟迟不去修复?

是不是很值得怀疑?

第二个问题：

如果，肯德基只是面向所有人推出半价全家桶，但要求下载 APP 才能获取，大家还会这么积极地去参与吗？会开心地告诉你的亲友赶快去下载吗？

所以结论就是，肯德基 APP 的 BUG，是公司故意放出来的，看似吃了亏，被人薅了羊毛，但实际上是在引导大家下载 APP，抢半价全家桶。

这可以说是肯德基最为成功的一次策划。它做过各种促销活动，都不如这次火爆。

这是一个双赢的设计：

对用户来说，拥有了一次半价获取 6 人全家桶的机会；

对肯德基 APP 来说，冲到了排行榜前 50。一款 APP 产品想要冲到这个位置，正常的运营成本至少也得大几百万元。

用户拿到半价券，还是要进店消费的。哪怕是半价，肯德基也还是有利润的。

就算用户不进店消费也没关系，他已经贡献了 APP 的下载率。

人类的本性，是要占便宜、钻漏洞的。

让客户觉得自己钻了空子，占了便宜，他就会觉得很开心，就会积极主动地去参与、去消费。

这就是漏洞营销，或者叫 BUG 营销。

解析：

客户要的其实并不是占便宜，而是“占便宜的感觉”。

这一点非常重要。

漏洞营销，就是给客户占便宜的感觉。

另外人类也喜欢不确定性，漏洞营销正是利用了不确定性。

特别提醒：

做漏洞营销，一定要设置一个止损点。比如肯德基全家桶虽然半价，但其实也还是有利润的，不至于赔钱。

如果你准备花100万元拓展市场，漏洞营销把这100万元花完就要及时结束，修复BUG。否则让羊毛党薅走1000万元，你就只有哭的份儿了。

业务员帮客户薅老板羊毛?

有个开发商，在卖房子时给了优惠政策：

学士学位来买房，房价直降 10 000 元；

硕士学位来买房，房价直降 20 000 元；

博士学位来买房，房价直降 30 000 元。

公开的广告是这样宣传的。

但工作人员会偷偷告诉你：没有学位可以去借一个。只要登记时有这个学位证展示一下就好了，就能直接降价。具体办手续时，名字可以不一样。这是一个内部漏洞，一般人我不告诉他……

很多人听了，就赶快去借了一个学位证书，然后签了买房协议，交了定金。

如果没有这个学位证降价的政策，没有工作人员自曝漏洞让客户去借个学位证，很多人是不会这么快下决心买房的。

这就是一个很好的设计：

看广告，大家都觉得这个小区很高档，里面住的人很高端，有很多硕士、博士。

自曝漏洞，让客户觉得自己占了便宜，赶快下单。

去借学位证书，也在无形中为这个小区做了宣传。

解析：

销售员和客户本来是对立的，但通过“自曝漏洞”，就奇妙地站到了一条战线上。

销售员帮着客户找老板的漏洞，让客户占老板的便宜，客户对销售员的信任度就会增加，成交就更容易。

隐形分销：我送朋友一道菜

我在《多赚一倍》一书里讲过隐形分销。

为什么要做隐形分销？因为单纯靠利益裂变，很多人是不好意思赚熟人钱的。

他本来对你的产品或服务很满意，愿意主动帮你做转介绍。而一旦知道转介绍成功后，会有利益分成，他就不愿意转介绍了。

而且分成模式一旦确定，就很难修改，如果你用利益裂变没有做起来，后续就十分麻烦。

所以我们要尽可能用有情和有趣来做裂变，特别谨慎使用利益裂变。如果要用利益裂变，首选隐形分销。

隐形分销的逻辑是：不要直接给老客户钱。要设计一个三方共赢的模式，让新客户和老客户都有实惠（老客户有面子更好），让商家有流量。

我给一家饭店设计过一个隐形分销方案：我送朋友一道菜。

这个活动非常简单，就是编辑一段文字，微信群发给老客户，大意是：

某某店感恩回馈客户，只要把这段文字转发给你的朋友，你的朋友就可以进店凭信息免费吃一道价值XX的菜，你也可以同样免费吃这道菜。

这个设计是让客户带朋友来占便宜，并没有赚朋友钱的嫌疑，所以大家都积极转发，效果特别好。

我们第一次做这个策划的时候，由于缺乏经验，一天群发给了上千个客户，结果饭店连续几天客流爆满，根本服务不过来，客户体验非常差。

后来就吸取了经验，提前预估饭店所能承受的人数，然后每天固定群发一定数量。

这样一来，饭店客流量足够，但也能服务得过来，形成了良性的循环。

解析：

电商为流量付费已经是常态，但实体店还没有这个习惯。

实际上，实体店付的房租钱，很大一部分就是流量费用。所以地段越好，客流越多的店铺，租金也越贵。

送朋友一道菜活动，是隐形分销，也是在为流量付费。用一个免费的菜品，让老客户带来新客户；用一个免费的菜品，让老客户再次进店消费。这就是在为流量付费。

很少有人只一个人来吃饭，很少有人只吃一个赠品菜，大家肯定还要点一点别的菜，这就产生了利润。免费的菜是引流产品，用其他菜品和服务来赚钱。

另外，所有方案都要先做测试，然后再放大。这是一个非常重要的经验。

升级：送朋友菜常态化

我做过一个隐形分销设计，“我送朋友一道菜”。这个设计让一个饭店客流爆满，利润翻番。

后来，我又在这个基础上做了一个简单粗暴的升级，让送朋友菜常态化，成为日常引流方案，效果更好。

首先让饭店做了一个“送朋友一道菜”的小程序，很容易做，花不了多少钱。

然后在每张餐桌上都贴上一张小程序的二维码，提醒顾客“扫码就送一道菜”。他扫了码，小程序就提醒他“转发给朋友，免费获得一道菜品”。

这个客户裂变，在顾客刚刚进店还没有开始消费的时候，就已经开始了。每个进店的顾客，都会乐意扫码转发，所以效果更好。

同时你也不用担心群发消息太多，会让客户体验变差，拉黑或删除你。

解析：

前面提到的隐形分销设计，是让消费后的老顾客做裂变，而升级后的模式，是让顾客在还没有开始消费时就帮你做裂变，顾客参与度更高，效果更好。

同时，运动式的营销推广，往往会集中进来一批流量，然后给运营带来很大压力。

本节的设计，则是把裂变营销常态化，自然而然地、持续地带来流量，运营服务就不会失控。

好茶叶，送好友

我的“创读会”社群有一个开茶叶店的会员，她一直觉得自己客流量不够。

我就帮她设计了一个简单的客带客模型：

到她店里购物的客户，一次性或累计消费到一定金额，她都会送出 3 份礼物：一份是直接送给客户的，另外两份，是送给客户朋友的。

客户通知朋友可以直接进店里取走，或者加店主微信号，店主直接给客户朋友邮寄过去。

你需要提前准备一张便笺，上面印好一段固定内容的话，然后请客户填上自己朋友的名字，并签上客户自己的名字，证明这份礼物是由客户自己送出的。

这份礼物就是茶叶体验装，要用非常好的茶叶，非常好的包装（包装上也请客户签名），务必给客户非常好的体验感。

然后他们就会进一步消费，成为你的客户。

这个会员就用这个简单的方法，3 个月内，就新增了 150% 的客户。

解析：

我们前面说过，尽量不要用利益去进行裂变。因为普通人赚朋友钱还是有心理障碍的。

但你让他给朋友送份礼物，这就完全没有问题了。

老客户的朋友来店里购买时，你还可以专程在微信上感谢一下他，发个小红包，或者再送出一份礼物。用这样的方法，增加与客户的感情，促使客户后续购买。

设置本店必点菜，减少选择恐惧症

有次跟朋友吃饭，去了一家从来没去过的饭店。

朋友很客气地请我点菜，好厚的一本菜谱，能当哑铃去健身——但是点什么好呢?

这时突然看到前两页有“本店必点十大名菜”，好，就是这个了。

随手点了两个，就算完成任务，然后把菜谱推给朋友。

琢磨了一下，这个必点菜，还真是挺有意思。

首先，它可以减少顾客的选择困难。

可能很多人有这样的经历，进饭店吃饭时，你研究了半天菜单，却不知道应该点什么菜。

有这个必点菜，就简单多了，直接点就好了。

其次，它可以让利润高的菜品销量更好。

一般菜单前面都是凉菜，是价格比较低的菜品，越往后翻，价格就越高。

但必点菜就可以把利润比较高的菜品放进去，顾客点单的概率增加，饭店就能有更高的利润。

这个必点菜有什么好处呢？

1. 方便降低成本

必点菜的销量好，后厨在采购、备菜时，就可以有的放矢，降低成本。

2. 上菜速度快，客户体验好

必点菜可以让饭店提前做好准备，上菜速度就更快。

解析：

在营销领域，自由意志是不存在的。

顾客表面上是在自主选择，其实是按照营销人事先设计好的剧本演出。

减少顾客的选择成本，让他们去选择我们想让他们选择的。

这会很受客户欢迎，特别是有选择困难症的客户。

两块钱的麻婆豆腐，难道不赔钱吗？

有一次，我走在街上，无意中看到旁边一个饭店有个牌子：麻婆豆腐两元一份。

我就很好奇：两块钱一份的麻婆豆腐怎么赚钱，不会亏钱吗？

我就进去点了一份麻婆豆腐。当然，我不可能只吃这个麻婆豆腐，又点了其他的菜。

饭店上菜速度很快，味道还不错，整体价格不贵，综合分能打 80 分。

然后我就成为这家店的常客。

特意研究过这家饭店的菜单：除了麻婆豆腐，其他菜的价格属于中等偏下的价位，少部分菜的价格是中等偏高，比较有利润空间。

这就是产品组合的逻辑。你最好设计好一个产品组合，包括引流产品、品牌产品和利润产品，以及更高利润产品。

在这个案例里，麻婆豆腐既是引流产品，同时又是品牌产品，其他菜就成为利润产品。

对餐饮业来说，最好的产品组合比例，是20%左右的引流产品，60%左右的利润产品，另外还有20%左右的更高利润产品。

其他行业也可以参考执行。

解析：

最好不要用单一产品打天下。要设计好产品组合。

有些产品是用来引流的，就要定非常低的价格。少赚钱、不赚钱，甚至赔钱，都是可以的。

要有用来赚钱的产品，就是利润产品和更高利润产品，满足不同层次的需求。

引流产品最好就是品牌产品，用质优价廉、有品牌的产品做引流，才更容易成交。

利润产品也可以是品牌产品。

每一个利润产品都可以是高利润产品的引流产品。

烧烤店为何在门口现场穿串？

有一天晚上，我出去遛狗，忽然发现路边有一家烧烤店生意非常火爆，门口围了很多人。

这家店平时生意其实也一般啊，我就好奇地走过去看看。

原来，这家烧烤店做了一个有意思的创意：在门口挂了只羊，安排两个师傅在现场割肉、切块、穿串。

我还是挺喜欢吃羊肉串的，但是平时很少吃。不只是觉得吃烧烤不健康，更重要的是，我担心肉可能不新鲜，甚至可能会有黑心商家用其他肉冒充羊肉。估计很多人会有跟我一样的担心吧。

现在这家店在门口现场从羊身上割肉，现场穿串，再拿进去烤，我就觉得可以吃一下。结果，我等了很久才吃上这烤串，因为它的生意实在是太火爆了，前面排队的人实在是太多了。

这家烧烤店只是做了这样一个简单的动作，就证明自己店的羊肉是货真价实的，是可信的，就让生意十分火爆，客流起码是平时的 3 ~ 4 倍。

解析：

公开制作流程，更能取信于消费者，自然就能提高成交率。

有些饭店用透明厨房，让顾客能直接看着厨师操作，也是基于同样的逻辑。

我们还可以用直播和录视频的形式，来公开制作流程，与客户建立信任。

改个文案，销量提升3倍

我的社群“创读会”有位会员，叫李晓伟，在经营茅岩莓茶。

他之前的产品文案是“游张家界山，品茅岩莓茶”。

我们来看这个文案，你对茅岩莓茶能有什么了解吗？你会有购买欲望吗？或者说，这个文案给出的购买理由是什么？

从这个文案里，我们大概能知道，茅岩莓茶是张家界的一种特产。你来游张家界，应该带个伴手礼。可是它有什么特色、功效，适合谁喝，喝了有什么用，我们一无所知。

如果你没有去张家界，是不是根本就没有兴趣买？

李晓伟给我打电话做了个咨询，给我介绍他这款茶清咽利喉，适合慢性咽炎患者。特别适合讲话多的老师、培训师、歌手、演员、抽烟的人喝，或者北方雾霾天气导致嗓子难受，喝了嗓子就会舒服很多。

我就帮他修改了一下文案：嗓子不舒服，就喝茅岩莓。

他把自己朋友圈背景、录制的视频背景，都换成了这个文案，茶的销量马上就提升了3倍。

这是一个非常典型的“痛点+行动+品牌”的文案模型，目标人群非常清晰，就是嗓子不舒服的人，给了他们一个指令：喝茅岩莓茶。

解析：

文案不会增加任何成本，却能成倍提升销量，让你多赚一倍甚至几倍。

文案用来体现产品的特色，抵达目标客户，激发他们的购买欲望。

多从客户角度出发，研究一下他们的痛点和需求，写出能打动他们的文案来，然后不断重复。

有时候，成交就是这么简单。

多说两句话，多赚 40%

我帮一家理疗按摩店做过指导，只是让技师多说了两句话，销售额就提升了 20%。

第一句话：

在客人做完服务项目时，直接问一句：“您还要不要再加个钟？”

通常有 10% 的人会因为这句话再加一个钟。

第二句话：

给客人按摩时，要注意发现客人的健康情况，然后给出建议。比如：“您的腰椎不太好，您最好做个红外线理疗。”

差不多有 40% 的客人会因为这个建议接受新的服务。

就是多说这两句话，这家店的销售额增加了 20%。

解析：

多说的这两句话，其实就是追销。

在客户产生购买后，就可以马上追销。发现客户的需求或痛点，去满足他，帮他解决问题，追销成功的概率就会很大。

甚至你只要多问一句“您还需要点什么”，都可能产生新的成交。

成交后马上追销，是最好的复购方法。

价格即品牌，价格即利润

北京郊区有个农场，生产优质的有机农产品，却并不怎么赚钱。

后来，农场主找到了我做咨询，我问他："你们农场的目标客户是哪些人？"

他说："他们主要是北京年收入50万元以上的人群。"

我看了下他们的定价，居然只是比普通超市的价格高一点点。

他的目标客户是年收入50万元以上的人群，而产品的定价只比普通超市高一点点，因此他的产品很难吸引这个人群。

因为价格就是品牌，价格是用来区分客户的。对于高收入人群来说，定价低，只会让他们觉得这个产品的质量不够好。

只比普通超市价格高一点点，这个定价策略，是极度错误的。它既吸引不了高端消费者，也满足不了普通消费者。

价格是用来区别客户的，一定要有合适的价格才能吸引到合适的人群。

所以我建议这个农场主，直接涨价就好了。

该怎么涨价呢？参考同类有机产品的定价，定个差不多的价格就好。涨价之后，你只要认真做好产品质量，不必去管销量。就算销量下降，利润还是一样会上去的。

有一个问题，老客户习惯了原来的价格购买，突然涨价的话，他们会有一些抵触情绪。

你可以写一封信给老客户，写明你涨价的理由，老客户知道你家的质量高，自然也会接受。

新客户就用价格来拓客，因为高价才能说明你的产品质量好。

这个农场按照我的建议，很快就扭亏为盈。

解析：

大众认知里的薄利多销，在某些领域是错误的。

有些产品，只能暴利少销，服务好少数高端客户，就会有足够的利润。

同时，高定价才能吸引高端客户。如果你的产品非常好，你的目标客户是高端人群，那么你的定价一定要定到符合目标客户“身份”的高度。

有奖征名，低成本获客

老家有个朋友想开一家美容院，我提醒她："美容院最大的成本什么？是获客成本。"

有个在广州做医美的朋友告诉我，他们的获客成本已经到了恐怖的7000元。

小城市的获客成本当然不会有那么高，但新开张，想做大，一样需要很大的获客成本。

我给这个朋友策划了一个有奖征名活动，来帮她低成本获客。

找当地几个自媒体合作，面向全社会有奖征名。谁取的名字被采用，就可以获得1万元的奖金。

另外还有一个参与奖，只要参与，就可以获得价值200元的体验券。

小城市的自媒体没花什么钱，就是给一些打折券和免费券。

活动做一个多月，参与的有2000多人。

这2000多个人，获得了200元的体验券，第一次进店还可以体验价值100元的项目，其余100元分两次消费抵扣。

这样新店开张，就已经有了源源不断的客流。

解析：

实体店往往是在做本地生意，做周边生意，要特别研究怎样获取本地流量。

有奖征名是个不错的方案，可以吸引很多人参与，然后参与者就送体验券，进店消费后再锁客。比在马路上发传单，效果好无数倍。

其实这个活动还可以做得更精致一些，比如一等奖以外，还可以设置几个二等奖，几个三等奖，除奖金之外，还可以有打折优惠，效果会更好。

这2000个客户进入了你的私域流量，然后就是用各种办法锁客，让他们长期消费。前面我们介绍过一些方法，都可以尝试。

卖鸡蛋喽！比进货价还便宜！

有一家超市新开业，做了一个低价卖鸡蛋推广活动，成功地吸引了很多客流量。

连续一个月，每天限量供应便宜鸡蛋。有多便宜呢？比进货价还便宜 0.5 元钱。

每天上午 8 点半，超市开门，就有 120 斤鸡蛋限量供应，每人限购 3 斤。

这样一来，每天都会有人来占便宜，超市门没开就在外面排队等着。

大家看到这里天天早上排长队，好奇过来看，就知道有个新超市开业，而且貌似生意还不错。

再买东西时，就可能过来买了。

进店抢便宜鸡蛋的，有只买 3 斤鸡蛋就走的，但更多的人会顺手买点菜，买点日用品，这样超市就还是有利润的。

一斤鸡蛋比进货价低0.5元，120斤鸡蛋不过亏60元，却能带来40个客户进店消费，还能吸引很多路人粉。还是很划得来的。

解析：

实体店一定要认识到，流量是有成本的。花钱换流量，在电商行业已经是天经地义的事。

上文这个案例，等于每个进店客户的流量费用是1.5元，算是很少了。

任何活动，都有羊毛党存在。每人限购3斤，就是把薅羊毛的损失降到最低。

这也是一个产品组合的逻辑：鸡蛋就是引流产品，引流产品可以少赚钱、不赚钱，甚至赔钱，然后用后端产品赚钱。

一则微信群发文案，迎来 80% 老客户回复

我之前给某家中医健康实体连锁品牌做辅导时，先到门店一线进行调研，然后跟店长沟通。店长吐槽："我们也知道微信营销很重要，但是我们给客户发消息，他们都不回。"

我看了店长与客户的聊天记录，基本和大多数在节日群发的消息一样，文案不用心做，吃力不讨好。

我告诉店长，把群发信息的文案调整 3 个点，就可以达到收入翻 3 倍的效果。

（1）文案开头部分凸显定制化，抵消目标受众对群发信息的抵触。比如加上客户的相关亲昵称呼，"王姐，端午安康"，就给人不一样的感觉。

（2）文案的中间内容充分跟目标受众交心，以真心

换真心。如“端午节快乐”改为时令健康注意事项，“端午节，最近店里感冒的人有些多，您一定多注意……”

（3）文案的最后改为营销福利活动的提前告知，呼吁客户行动。如“店里 XX 日有一个优惠活动，活动内容是……，因为名额有限，特意先跟您说一声，别错过这个福利”。

这家实体店，就按照“多赚一倍”的思维这样简单修改了一条微信群发文案，超过 80% 客户给了回复，当天成交额（即该营销活动的后端利润）高于上个月总销售额的 3 倍。

解析：

作为一家实体店，服务好 1 名老客户，比新开发 10 名新客户的投产比要高很多倍。

千万不要做毫无感情、毫无技巧的群发微信消息，把群发消息文案改为开篇定制、中间交心和结尾呼吁行动的“成交文案”！

回馈老客户的“关系卡”，让你成交翻倍

上一个案例，我们分享了一个靠一则群发文案让销售额多增3倍的案例，同时也指出，能实现这个“奇迹”，主要靠的是后端利润。

那么如何设置后端盈利体系呢？很简单，就是基于“多赚一倍”公式，即提高客户基数、客单价、客户消费频次的每一个点。

上个案例可以再升级操作，我们可以设置一个“29元关系卡”，让老客户争先恐后帮你转介绍。

关系卡的设计思路是这样的：采用“三限原则”进行客户回馈，即限时、限量和限条件。

针对本店一年以上的女性会员，仅需支付29元，就可以预定7月份的“宠会员美丽节”，包含价值299元的美容

服务及价值30元的礼品。

本卡限量300份，每位符合条件的女性会员可购买3份，自用1份，其余两份可以分享给闺蜜。

提高客户基数：该福利卡限时、限量和限条件，促进老客户的转介绍，从而提高了客户基数。

提高客单价：29元的关系卡，是为了引导成交新活动，且该29元可抵消相当一部分费用。

客户消费频次：29元的关系卡，需要在指定时间内分几次消费。

解析：

做过美业的朋友，应该能看出，这个关系卡的本质，是把原本高额的引流营销费用，用在了回馈老客户身上，让老客户进行口碑转介绍。基于老客户口碑，成交率也会提高很多。

这符合多赚一倍的公式。

新店开业，倒贴钱免费体验

说到“多赚一倍”，降低成本就等于收入增加。即实体店只要想方设法少花冤枉钱，就是能多赚一倍了。

我曾给某品牌另一家加盟店做过咨询。

它在开业时，没有按照既定的营销方案来进行，而是采取向周边大规模派发“免费体验卡”的形式进行前期推广。

这一招引流效果很好，在开业第一天就引流 100 多人进店体验。

但只是保证了引流的数量，却放弃了引流的质量，转化率仅为 5%，造成了很大的损失。

因为大家都是奔着免费体验赚便宜来的。

转化率也让店里员工一度怀疑自己的工作能力……

开业当天，店里人流涌动，看似很热闹，人气很旺，但因为服务无法跟上，导致口碑很差。

像这种体量的活动，一定要提前预估好客户进店量，做好预约登记。

新店开业，如果不能一炮而红，也至少要慢慢积攒口碑。

像这种情况，一开业即产生大量负面评价，后期很难纠正。

那么，既然不能这样免费体验，那该怎么办？我教了老板一招：倒贴钱体验！

比如一家小儿推拿店，开业可设计一个 9.9 元的引流卡。只需要 9.9 元就可以体验价值 59 元的小儿推拿一次，再送价值 19.9 元的某大牌洗衣液 3 袋。

如何检验一个引流活动是否能吸引人？

很简单，看自己店面的员工、周边邻居店面、自己家人是否有兴趣参加？

如果策划完这个引流活动，自己门店的员工都想自己买几张卡，左邻右舍的店家都表示要预定，那说明这个活动是成功的。

在保证引流数量的前提下，如何保证引流质量呢？一定要收费，而且批量团购总价值 19.9 洗衣液的成本并不高。

试想一下，家人很开心地拿着3袋洗衣液回家，跟家人聊起来，是不是对新开业的店也是一次很好的传播？

这个引流方案，结合后端的一系列活动，帮助这家店开业第1周就挣到一整年的房租。

解析：

很多人开店，是为了情怀，满足自己小时候“有家属于自己的店”的美好梦想，却忽视了商业发展的基本规律，美好梦想的种子根本无法落地生花。

初次开店的朋友，我真诚奉劝一句，没有预估好成本，没有成熟的活动方案，不要搞免费体验。

送新客户会员资格，提高成交率

比如还是上个案例中的小儿推拿店，将客户用 9.9 元引流卡吸引到店后，下一步该如何后续成交呢?

现在很流行的办会员卡活动，对一家新开业的店，在 90% 以上是新客户的情况下，充 1000 元办一张会员卡，消费打 8 折，很难吸引人。

那么，如何设计一个“让价值超过价格 10 倍”，还能盈利的产品呢? 我建议老板不要让新客户办理会员卡，而是直接送他们一张年度会员卡。

比如，在 7 月份期间，进店的前 100 名新客户，只需 199 元，就送年度会员资格，享受以下 10 大福利：

免费领取价值 199 元的小儿专用灸疗 5 次，一个月内集中调理；

免费领取价值1200元的节气灸12次，每个月可使用一次，长期调养；

可加入该店创始人王老师健康社群，随时随地为您的健康保驾护航，价值365元/年；

可领取王老师主编的《小儿推拿居家妙招集锦》纸质书签名版一本；

送小儿推拿培训班1期，价值399元；

……

老板就用这个方式成功锁客，提高了成交率。

解析：

这个案例，依旧遵循“限时、限量和限条件”的三限原则，不再是试图说服新客户办卡，而是让新客户主动申请加入年费会员。

对初运营新店的门店而言，拉长了时间维度，进行稳妥转化。且赠送的10大福利，各司其职，有的负责提高服务质量与客户黏性，有的负责后续转化，有的负责品牌打造。

赞誉

面对纷繁复杂的商业现象，李鲆老师的新书，可以让你透过现象看本质。

他通过深入浅出地讲述实体店转型思维，对读者富有启发性，让读者能突破原有的思维局限，在认知上得到升级。

同时，李鲆老师给出了50余个案例和接地气的解决方案，实用性很强。

不论做不做实体店，我相信本书对广大创业者来说，都能让你真正做到知行合一、降低创业风险、提升成功概率，极具参考价值。

——姚远　齐守康脐疗创始人

李鲆老师思维敏捷，透过现象直通本质，在赚钱这个问题上简单直接。他摒弃对金钱的羞耻感，赚钱理直气壮。尤其他会本着“我带着你一起赚钱”的思维，让与他接触的人有机会赚钱，这是真正的富人思维、赚钱智慧。

——凯风　高级心理健康指导师

认识李鲆老师是我人生一大幸事。在他的影响和指导下，我不仅轻松写完了自己的第一本书，还对公司的运营有了全新的思维模式、清晰的方向和更高效的方法。

“把规模做小，把利润做大，在几乎不增加成本的前提下，实现多赚一倍”，我准备再用 10 年的时间来践行李鲆老师的这个理念。

在他的身上，我看到一种化繁杂为极简的智慧，他的分析和点拨，看似寥寥数语，实则一针见血，对我们这些小微创业者来说非常有用。

——方冬莲

无锡托马迪斯教育科技发展有限公司总经理

天赋发现儿童学习能力指导中心创办人

李鲆老师不愧是集社群、自媒体、出版和培训等领域为一体的跨界创业者，我自加入他的社群“创读会”，每天所学干货满满。他帮助我确立了以社群为基础的商业闭环模式。

他的这本新书对大多数商家有极强的借鉴意义，实体店如何转型，如何做才能火，书中每一条案例解析都给出了操作方向，这是一本不可多得的商业创业指南书！

——运营小王子　内容服务商

从事律师行业10余年，我摸索出了一种法财税一体化的专业化服务模式，效果很好。同时，我看到了诸多实体企业经营的困难，也想给他们提出一些好的建议，却有心无力，一直不知从哪里切入。

有幸加入李鲆老师的跨界社群“创读会”，他免费送我们会员每人一套“多赚一倍”系列的落地实操书籍。阅读后，我对客户服务的认知更深入了，我能给客户创造的不仅是无形的服务，更是直接的利润。

当然自己的知识、收获也在翻倍。

李鲆老师的新书值得读，李鲆老师的思维值得学习。

——尹洪旺　瀛岱·中国管理合伙人律师

尹洪旺（上海）商务咨询工作室创始人

我是李鲆老师社群“创读会”175号会员，加入创读会两个月，不但赚回了N倍学费，李鲆老师还帮我规划了今后的发展目标，让我在2020年出书、做社群，瞬间把我打造成一个热门IP。

感谢李鲆老师，他的新书帮助很多实体店和个体创业者找到了突破方向。

——韩叔　个体创业营发起人

自2015年拜读了李鲆老师的《微信营销108招》后，我就自动转化为他的铁粉。2020年又加入了他创办的社群“创读会”，每天早上8点，李鲆老师有一次晨课分享，每天给我们分析一个实操案例，我获益匪浅。

对李鲆老师的新书《多赚一倍III：实体店这样做就能火》满怀期待，因为读李鲆老师的书，是人生的一笔超级财富。他的每个案例，随时可以激发你的灵感。

——白露　自主创业者、上品阁创始人

观察一个人的时候，我会更关注他与家人的关系如何。在鲆叔的文字里，我看到了他和原生家庭的清晰分割，看到了他对夫妻关系的清醒认识，看到了他对女儿的宠爱和理解。这是我欣赏的。

鲆叔的《多赚一倍》我看得很仔细，鲆叔的晨课我也很认真地听，从而发现了鲆叔的另一面，简单、有效、接地气。所以，我把鲆叔的观点和理念分享给身边的朋友，希望更多人跟着鲆叔多赚一倍，业绩大涨。

—— 杜莱梦　专注家庭教育的“我叫杜莱梦”公众号创办人

后疫情时代，你的实体店经营得还好吗？

前段时间身边有些朋友跟我吐苦水：开店真是越来越难了，房租、人员、运营和材料等成本居高不下，业绩却并没有增长多少，反而有的时候还比同期缩水不少。实体店老板太难了，急需转型升级。改变运营思维、调整经营模式和建立私域流量池等，都可以帮助实体店老板转型成功，最关键的是可以几乎不增加任何成本，就可以多赚一倍两倍的钱。

李鲆老师的这本书，恰好应运而出，必将提升你的经营业绩。

—— 张少波　文案成交系统创始人

毫无疑问，这又是一本引发创业者广泛追捧的力作！

本书紧扣当前新冠疫情下万千实体店的商业痛点，不仅指导实体店经营者如何跳出思维定势，拆开思维藩篱，更有可以直接应用的各种奇招、怪招和妙招，读来让人目不暇接，脑洞大开，拍案称绝！

—— 黄国忠　奇门遁甲决策咨询专家

本书是实体店转型升级的宝典，是实体创业者的创业指导书。理论篇具有极强的思维导向作用，帮助实体创业者指明前进方向，规避 99% 的创业陷阱。实操篇具有极高的实际操作意义，帮助实体创业者完美实现落地，即学即用易内化于心。

—— 李云默　梦想教育联合创始人

跟着李鲆老师学习，最大的收获是李鲆老师帮我这个教书匠的纯文人思维，打开了商业思维。这种感觉很奇妙。这个奇妙是以前我很排斥别人给我提的销售概念，那就是一种推销，然而李鲆老师的分享让销售变得好玩、有趣，讲解的方法亲切而方便落地。

—— 马荔　高级音乐教师，修德教育连锁创办人

李老师的课很干，“干净、干货”！

每天分析不同的案例或者细节点，串联起来，可以挖到背后的逻辑与方法，对应自己的产品和项目，便豁然开朗，无论对自己讲课能力、新思维还是营销策划都有醍醐灌顶的作用。

感谢李老师挖空心思给我们讲课，伴我们成长，带我们一起读书创业，多赚一倍。

—— 黎莫寒　安徽天一网络公司创办人、直播经纪人

听了李鲆老师的课，用老师教的模式和方法，我通过一场“培训＋招商会”的形式，现场招商19.8万元的区/县运营中心19位，59.9万元的市级运营中心5位，感恩李老师。

——吴长江　多家微商品牌营销和培训顾问

有幸结交宋书三老师，宋书三老师在线下实体店运营有很深的见解，通过和宋书三老师的交流和沟通，让我在餐饮加盟连锁的推广思路上又提升了一个台阶，2018年，我仅仅用了4个月时间将一家酱骨品牌做到全国500多家连锁店。

——李聪　传承网络创始人

自从读了李鲆老师的《多赚一倍》后，收获颇丰。这次李鲆老师和宋书三老师写的《实体店这样做就能火》一书，真真实实地为实体店的经营提出了宝贵的落地意见。

实体店不会消失，现在搭上互联网的顺风车，更加如虎添翼。这本值得一读！

——方怀金　深圳满分壹佰科技有限公司联合创始人

宋书三老师既有丰富的实体店运营经验，也有过硬的线上运营能力。他融会贯通，大胆打破二者的楚河汉界，总结出了一套可以帮助实体企业主在社交新零售时代先发制人的先进模式和打法，于是有了这本《实体店这样做就能火》。

实体店经营的新思维、新策略、新案例以及新商业模式，贯穿全书。读来通俗易懂，干货满满，完全可作为实体店老板的枕边书。

——李其潞　深圳礼程礼品有限公司创始人

我在先后服务数万家实体店做社群营销的过程中发现：目前，实体店普遍存在获客难、锁客难、提升利润难、运营成本高、房租贵、回本周期长等一系列问题。

本书对于实体店的利润提升有很强的指导意义，宋书三老师在实体连锁方面有丰富的实战经验。我真诚推荐此书给广大实体从业者。

——阿灿　实体店社群营销专家

宋书三老师是一位实战型商业顾问，思维活跃，效果明显，本书值得研究学习。

——陈劲松　武汉好爸妈心理咨询创始人

我在为实体老板提供新店选址等服务的过程中，发现实体店转型升级之难。李鲆、宋书三、施有朋三位老师合著的《多赚一倍Ⅲ：实体店这样做就能火》可解决实体老板的利润倍增之难！

——胡伟　城市环境学专家

宋书三老师在实体店运营方面，有丰富的实战经验，跟他交流受益匪浅。

期待本书能帮助更多实体店老板更好地打造个人品牌，打造私域流量池，以低成本、高效率的方式，早日实现多赚一倍的小目标。

——贺丽娜　烘焙实体品牌创始人　实体店商业顾问

实体店在网络覆盖的时代，要如何实现低成本，高收益，并积攒自己的粉丝流量，打造个人品牌，留住老客户呢？

其实做实体，我们缺的不是方法，而是开拓性思维。

和宋书三老师学习、交流，开拓了我的思维模式，为我打开了事业的另一扇门，能够更加有效地和客户发生链接，并取得认可和信任。如此好书，我相信也一定能很好地帮助到您。

——baby清泉　清泉女子运动塑型品牌创始人